互联网营销系列丛书

新媒体美工
完全操作手册

叶龙　主编

清華大學出版社
北京

内 容 简 介

本书由经验丰富的新媒体设计师编写，采用循序渐进的讲解方式，详细介绍了新媒体美工设计的实战方法和技巧，以引导读者快速掌握新媒体美工的精髓。

本书包括20章专题设计，微信号、头条号、音频号、视频号、电商号美工设计完全攻略。40多个案例，配色、文字、版式、LOGO、横幅、长页、动画一本书全精通。

本书结构清晰、语言简洁，适合所有新媒体美工、网站美工、网店美工、H5美工、图像处理人员、平面广告设计人员、网络广告设计人员阅读，同时也适合朋友圈微商、微店运营人员、公众平台运营者、新媒体平台从业者、微博运营者、视频平台从业者、音频平台从业者、网络直播平台从业者等读者阅读。

图书在版编目(CIP)数据

新媒体美工完全操作手册/叶龙主编. —北京：清华大学出版社，2019
(互联网营销系列丛书)
ISBN 978-7-302-52517-2

Ⅰ. ①新… Ⅱ. ①叶… Ⅲ. ①网络广告—广告设计—手册 Ⅳ. ①F713.852-62

中国版本图书馆CIP数据核字(2019)第043740号

责任编辑：杨作梅
装帧设计：杨玉兰
责任校对：王明明
责任印制：丛怀宇
出版发行：清华大学出版社
　　　　网　　　址：http://www.tup.com.cn，http://www.wqbook.com
　　　　地　　　址：北京清华大学学研大厦A座　　邮　　编：100084
　　　　社 总 机：010-62770175　　邮　　购：010-62786544
　　　　投稿与读者服务：010-62776969，c-service@tup.tsinghua.edu.cn
　　　　质量反馈：010-62772015，zhiliang@tup.tsinghua.edu.cn
印 装 者：三河市龙大印装有限公司
经　　销：全国新华书店
开　　本：185mm×260mm　　印　　张：19.25　　字　　数：468千字
版　　次：2019年4月第1版　　印　　次：2019年4月第1次印刷
定　　价：79.80元

产品编号：076726-01

前 言

新媒体囊括了媒体信息化的全部，包括的数字化媒体有：传统媒体、网络媒体、移动端媒体、数字电视、数字报纸杂志等。

相信很多人还不太了解新媒体和新媒体运营，那么它们到底是什么呢？它最基本的特点就是创新和创意。在新时代互联网中，没有永恒的保持热度的产品和品牌，我们所做的就是要在这些设计基础上不断创新，这就是新媒体平台。

因此，很多人都在呼吁要了解新媒体，但究竟该如何了解？大家又说不出个所以然来。新媒体是随着移动互联网而产生的，也是今后几年媒体发展的大趋势，新媒体将成为我们做好公关、品牌推广、产品宣传、增粉引流的重要渠道和方法。

新媒体营销传播速度快、成本低、信息量大、内容丰富、互动性强，能为企业宣传、产品销售、自媒体吸粉带来良好的效果，因此对于运营人员十分重要。对于新媒体来说，内容和链接是最重要的两个部分，把内容和链接做好，就是我们做好营销推广的最锋利的武器。

在整个互联网时代，电商、广告、增值服务需求大，借助新媒体，可以自然地连接起自媒体和广告主，让前者有收益、后者有流量，各取所需。由于新媒体逐渐由热门转向火爆，新媒体美工也应运而生。新媒体美工主要是对传播载体进行美化，使其给大众提供更加舒适的视觉体验。

《新媒体美工完全操作手册》一书主要是从众多的新媒体平台中精选一些热门平台，并且每个平台都搭配了实战案例，详细讲解了多种行业与多个模块的制作方法，手把手地教大家制作爆款新媒体美工作品，赢得更大的市场与机会。

本书共分为两大篇，一条龙解决用户学习新媒体美工设计的需求，本书的具体内容安排如下。本书配套资源请从清华大学出版社官网下载 (http://www.tup.tsinghua.edu.cn/)。

【新手入门篇】：主要讲解了新媒体美工设计作品案例以及创意设计等内容，用通俗易懂的方式，阐述新媒体美工的设计和制作方法，将各种最新技术应用于新媒体运营推广，最大程度地吸引用户关注。

【平台制作篇】：主要包括朋友圈、公众号、小程序、头条号、微博、知乎、豆瓣、论坛、快手、抖音、微课、直播、微商等多个新媒体平台，从创意角度和技术角度讨论新媒体美工设计，看大品牌是怎么把新媒体美工做成功的，让我们一起跟上时代步伐。

　　本书是一本综合实战型的新媒体美工设计教程，除了有理论知识的讲解之外，还有各个领域实战案例的讲解。如果你准备向新媒体美工设计行业发展，那么本书一定适合你。一书在手，可以涵盖新媒体美工设计和运营技巧，应有尽有。本书具有如下特点。

- 完整的流程：帮助读者利用各种精美素材设计出精美的作品，详细分析各个案例流程，让您熟练掌握设计技巧！
- 热门的创意：顶级创意，随意挑选，将创意思想更加完美地运用到新媒体美工页面设计当中，让你的设计作品更加优秀并更有价值！
- 经典的案例：大量的品牌新媒体美工案例，30 多个优质实战案例设计并分享全部教程，让你的设计更有意义！
- 行业范围广：囊括房产、餐饮、汽车、电子数码、时尚饰品、互联网金融、新零售电商、网络游戏、新闻资讯以及在线教育等行业，总有适合你的。

　　本书博采其他同类书籍的特色，通过这种系统而翔实的讲述，希望能够为读者带来真实的运营帮助，让读者零预算也能做出高端大气上档次的新媒体设计，让产品的流量和转化暴涨。

　　本书汇集作者多年在实际工作中总结的宝贵经验，从实战角度出发，全面、系统地讲解了新媒体美工的实战运用，采用商业案例与设计理念相结合的方式进行编写，系统地向读者讲解如何科学合理、正确有效地进行新媒体内容的设计。同时，本书通过大量的案例剖析，从"学以致用"的角度出发，讲解新媒体设计知识、新媒体平台制作、新媒体广告设计、新媒体文案排版以及新媒体视觉运营等实战操作。

　　本书安排了大量具有针对性的实例，并配以详细的教学视频，总计 420 多分钟，层层深入地讲解案例制作，帮助读者轻松掌握软件的使用技巧和具体应用，做到学以致用。

　　本书主要由叶龙编著，参与编写的人员还有罗梦璇、刘胜璋、刘向东、刘松昇、刘伟、卢博、周旭阳、袁淑敏、谭中阳、杨端阳、李四华、王力建、柏承能、刘桂花、柏松、谭贤、谭俊杰、徐茜、刘嫔、柏慧等人，在此表示感谢。由于作者知识水平有限，书中难免有疏漏之处，恩请广大读者批评、指正。

编　者

目 录

第1章

入门基础：从零开始了解新媒体美工

知识导读

　　新媒体是一种新的媒体形态，它可以同时向所有人提供同样的内容，它被形象地称为"第五媒体"。新媒体将成为新时代的主要传播方式，所以美化新媒体界面的新媒体美工也必将成为热门职业。

本章重点导航

◎ 基础认识：入门新媒体美工设计

◎ 配色宝典：丰富多彩的色彩搭配

◎ 版式设计：新媒体美工版式布局

◎ 注意事项：新媒体界面的实用性

1.1 基础认识：入门新媒体美工设计

新媒体将成为新时代的主要传播方式，它重塑了信息传播流程，最大限度地激发了各行各业的生产潜力；而且现在互联网的普及降低了信息发布门槛，使大众不再是单纯的信息接收者，他们也可以参与到信息生产中，并慢慢地成为新的信息传播者。作为美化新媒体界面的新媒体美工的重要程度也不言而喻。本节主要介绍新媒体美工设计的基础知识。

1.1.1 新媒体的运用

新媒体是相对于传统媒体来说的，它是一种利用数字技术、网络技术、移动技术通过互联网、无线通信网、有线网络等渠道以及电脑、手机、数字电视机等终端，向用户提供信息和娱乐的传播形态。

在整个互联网时代，电商、广告以及增值服务的需求非常大，借助新媒体，可以自然地连接起自媒体和广告主，让前者有收益、后者有流量，各取所需。

由于新媒体逐渐由热门转向火爆，新媒体美工也应运而生。新媒体美工主要是对传播的新型媒体如朋友圈、公众号、小程序、头条号、微博以及微店等界面进行图片美化与布局排版的设计师，使其给大众提供更加舒适的视觉体验，也让信息更快捷地传递给大众。如图1-1所示，是一些运用新媒体美工技术设计的界面。

图 1-1 运用新媒体美工技术设计的部分界面

1.1.2 怎样成为一个好美工

从网络上的点击量来看，新媒体一直是一个热门话题，界面作为用户打开时第一眼看到的东西，美观性是很重要的，它的美观度直接关系到用户是否会留下来继续浏览界面中的信息，所以新媒体美工的作用是很大的。

新媒体美工设计的主要原则就是满足企业的需求。新媒体美工设计通常要与商业活动相关，要在商业目的上做合适的设计，在设计过程中，一方面要掌握色彩搭配、网页构成（平面构成以及立体构成），同时也要兼顾文案 / 创意、市场营销、用户体验和消费者心理，如图 1-2 所示。

新媒体美工设计的核心是视觉创意设计，通过视觉表现让各种新媒体内容更具冲击力和吸引力，并引起用户的关注和兴趣，从而将内容和信息传达给他们，最终获得用户的点击、关注、转发以及参与等行为。

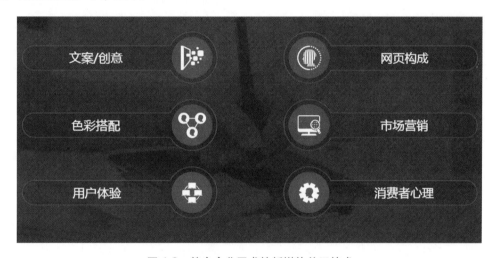

图 1-2　符合企业需求的新媒体美工技术

因此，新媒体与美工设计具有极强的互动关系，虽然新媒体可以更好地传达设计者的美工创意理念，同时为他们带来了更加广阔的发展空间，新媒体也在制约着美工设计，但是，所有的设计作品必须以新媒体为渠道来传播，这也是新媒体美工获得快速发展的原动力。

1.1.3　新媒体美工的岗位要求

新媒体美工设计师是互联网＋时代的"黄金职业"，前景广，就业好，薪资高，已成为人才市场上十分紧俏的职业，行业前景非常广阔。同时，新媒体美工的发展方向非常广，更容易转型为网站设计师、UI 设计师、产品经理以及平面设计等，甚至有可能成长为全能设计师。

当然，很多企业对于新媒体美工这个岗位有一定的要求，如图 1-3 所示，列举了一些常见的岗位要求。

另外，新媒体美工设计人员还需要学习一些工具的使用方法，如图 1-4 所示。本书将在商业案例的讲解中结合设计软件的使用方法，让读者不只是单纯学软件操作，更懂得设计软件的使用技巧与设计原理的完美融合。

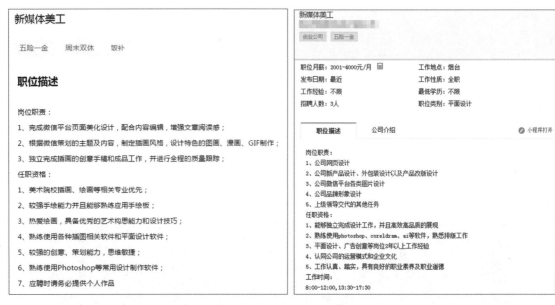

图 1-3　新媒体美工的岗位要求

图 1-4　新媒体美工常用的工具

下面根据 58 同城、前程无忧以及智联招聘等招聘平台实例，总结了一些新媒体美工岗位的具体要求。

(1) 会用 PS、AI、CDR 等设计软件。

(2) 完成微信平台页面美化设计、活动方案设计、VI 设计、产品 LOGO 和宣传彩页等。

(3) 完成微信朋友圈及公众号图片的处理和美化设计等，对微信公众号进行更新及维护。

(4) 负责微博、微信各种创意广告图片、海报、宣传册、画册、促销专题页面的设计。

(5) 活动海报的设计、推广页面的设计以及企业宣传册、产品图册、单页和招商手册的制作等。

(6) 进行新媒体互动页面的整体美工创意、设计、制作以及美化。

(7) 为网站设计广告图片、横幅及动画广告。

(8) 协助各业务部门制作 PPT 和产品演示版本等。

(9) 图片制作：如一年中不同节日主题的祝福图片，适用于微信表情的早晚问安及其他主题图片，简单海报制作；易企秀等软件制作宣传小视频及邀请函等。

(10) 负责微信小程序产品的发布与设计。

(11) 根据微信策划的主题及内容，设计特色的图画、漫画以及 GIF 制作。

(12) 负责微博、微信大型活动方案的策划、创意、执行、运营以及汇报和总结。

(13) 负责公司平面宣传资料的设计。

(14) 精通拍摄后期修片流程工作，熟练掌握 PS 和 LR 等相关修图软件，有相关作品。

(15) 擅长微信公众号平台的文案编辑，提升粉丝数量和增长量。

1.2 配色宝典：丰富多彩的色彩搭配

对于看到新媒体作品的用户来说，他们首先会被界面中的色彩所吸引，然后根据色彩的走向对画面的主次逐一进行了解。本节主要对新媒体的色彩设计知识进行讲解，这些基础知识也是后期新媒体设计配色中的关键所在。

1.2.1 怎样定义主色调

在大自然中，我们经常见到这样一种现象：不同颜色的物体或被笼罩在一片金色的阳光之中，或被笼罩在一片轻纱薄雾般淡蓝色的月色之中；或被秋天迷人的金黄色所笼罩；或被统一在冬季银白色的世界之中。这种在不同颜色的物体上，笼罩着某一种色彩，使不同颜色的物体都带有同一色彩倾向的色彩就是色调。

色调指的是新媒体界面中画面色彩的总体倾向，是大方向的色彩效果。在新媒体美工设计的过程中，往往会使用多种颜色来表现形式多样的画面效果，但总体都会持有一种倾向，是偏黄或偏绿，是偏冷或偏暖等，这种颜色上的倾向就是画面给人的总体印象，如图 1-5 所示。

色调是色彩运用中的主旋律，是构成新媒体界面的整体色彩倾向，也可以称之为"色彩的基调"，画面中的色调不仅仅是指单一的色彩效果，还是色彩与色彩直接相互关系中所体现的总体特征，是色彩组合呈现出的多样、统一的色彩倾向。

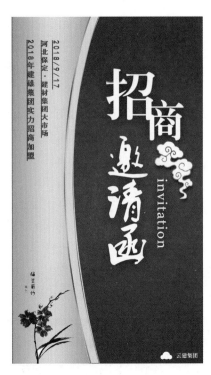

图 1-5 不同色调的新媒体美工设计

1.2.2 调和配色的基本技巧

"调"是调整、调配、安排、搭配和组合等意思;"和"可理解为和谐、融洽、恰当、适宜、有秩序、有条理,没有尖锐的冲突,相得益彰等。配色的目的就是为了制造美的色彩组合,而和谐是色彩美的首要前提,和谐的色调让人感觉到愉悦,同时调配后的颜色还能满足人们视觉上的需求以及心理上的平衡。

我们知道,和谐来自对比,和谐就是美。没有对比就没有刺激神经兴奋的因素,但只有兴奋而没有舒适的休息会造成过分的疲劳,会造成精神的紧张,这样调和也就成了一句空话。所以,在设计新媒体作品时,既要有对比来产生和谐的刺激美,又要有适当的调和来抑制过分的对比刺激,从而产生一种恰到好处的对比。总体来说,色彩的对比是绝对的,而调和是相对的,调和是实现色彩美的重要手段。

1. 与色相一致的调和配色

在保证色相大致不变的前提下,通过改变色彩的明度和纯度来获得配色的效果,这类配色方式保持了色相上的一致性,所以色彩在整体效果上很容易达到调和。

例如,"同一色相配色"是指相同的颜色在一起的搭配方法,比如紫色的上衣配上红色的裤子或者裙子,这样的配色方法就是同一色相配色法。如图 1-6 所示,画面中海报的文字、背景等都使用红色系进行搭配,通过明度的变化使其产生强烈的对比,并使画面配色更加丰富，表现出柔和的特性。

图1-6　同一色相配色

2. 与明度一致的调和配色

明度是人类分辨物体色彩最敏感的色彩反应，它的变化可以表现出事物的立体感和远近感。如希腊的雕刻艺术就是通过光影的作用产生了许多黑白灰的相互关系，形成了成就感；中国的国画也经常使用无彩色的明度搭配。有彩色的物体也会受到光影的影响而产生明暗效果，如紫色和黄色就有着明显的明度差。

在新媒体设计中，一般都使用明度相同、色相和纯度变化的配色方式。如图1-7所示，画面中背景图片均为高明度调和配色，带给人清爽、亮丽以及非常阳光的印象，表现出优雅和含蓄的氛围，是一组柔和且明朗的色彩组合方式，非常符合画面中女性凉鞋的特点。且通过同样大小的圆形字母来组成主题文字，利用相同色相的不同明度完成配色，得到一种安静的视觉体验。

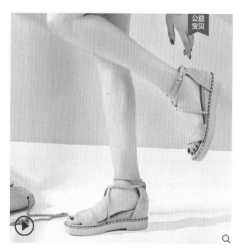

图1-7　以明度为基础的调和配色

3. 与纯度一致的调和配色

纯度的强弱代表着色彩的鲜灰程度，在一组色彩中当纯度的水平相对一致时，色彩的搭配也就很容易地获得调和的效果，并随着纯度高低的不同，色彩的搭配也会给人以不一样的视觉感受。

4. 无彩色系列的调和配色

无彩色的色彩个性并不明显，将无彩色与任何色彩搭配都可以取得调和的色彩效果，通过无彩色与无彩色搭配，可以传达出一种经典的永恒美感；将无彩色与有彩色搭配，可以用其作为主要的色彩来调和色彩间的关系。如图1-8所示，是由某H5广告推出的一个小游戏，采用灰白黑三色，加上非常有趣的画风，与"搞笑"主题配合得非常贴切。

图 1-8　以纯度为基础的调和配色

1.2.3　如何确定色彩风格

对于新媒体设计来说，色彩是最重要的视觉因素，不同的颜色代表不同的情绪，因此对色彩的使用应该和设计的主题相契合。如图 1-9 所示，"饿了么"小程序 的底部导航栏通过运用不同颜色的按钮来代表其激活状态，使用户快速知道自己所处的位置。

图 1-9　"饿了么"小程序

1.3 版式设计：新媒体美工版式布局

在网店的运营过程中，可以通过制作出的美观、适合商品的页面，获得吸引顾客、提高销售业绩的效果，关键之处就在于装修设计的版式布局。

1.3.1 版式设计的基本布局

在设置一个新媒体界面时，通常包含了太多的元素，这些元素的布局没有固定的章法可循，主要靠设计师的灵活运用与搭配。只有在大量的设计实践中熟练运用，才能真正理解版式布局设计的形式原则并加以运用，从而创作出优秀的新媒体广告作品。

1. 对称与均衡

对称又称"均齐"，是在统一中求变化；均衡则侧重在变化中求统一。

对称的图形具有单纯、简洁的美感以及静态的安定感，对称可给人以稳定、沉静、端庄、大方的感觉，产生秩序、理性、高贵、静穆之美。对称的形态在视觉上有安定、自然、均匀、协调、整齐、典雅、庄重、完美的朴素美感，符合人们通常的视觉习惯。

均衡的形态设计让人产生视觉与心理上的完美、宁静、和谐之感。静态平衡的格局大致是由对称与均衡的形式构成。均衡结构是一种自由稳定的结构形式，一个画面的均衡是指画面的上与下、左与右实现面积、色彩、重量等的大体平衡。

在画面上，对称与均衡产生的视觉效果是不同的，前者端庄静穆，有统一感、格律感，但如过分均等就容易显呆板；后者生动活泼，有运动感，但有时因变化过强而容易失衡。因此，在设计中要注意把对称、均衡两种形式有机地结合起来灵活运用，如图1-10所示。

2. 节奏与韵律

节奏与韵律是物质运动的一种周期性表现形式，是有规律的重复、有组织的变化现象，是艺术造型中求得整体统一和变化，从而形成艺术感染力的一种表现形式。韵律是通过节奏的变化来产生的，对于版面来说，只有在组织上符合某种规律并具有一定的节奏感，才能形成某种韵律。

在新媒体美工设计中，合理运用节奏与韵律，才能将复杂的信息以轻松、优雅的形式表现出来。如图 1-11 所示，是"手机构图摄影大全"公众号中的几张构图图片，几朵荷花的色彩和布局统一，相同形式的构图体现出画面的韵律感，而每个画面中的文字形态和内容各不相同，这样又表现出节奏上的变化，让读者阅读起来更加轻松。

该商品的详情页面中使用左右对称的形式进行设计，但不是绝对的对称，画面中的布局在基本元素的安排上赋予固定的变化，对称均衡，更灵活、更生动，是设计中较为常用的表现手段，具有现代感的特征，也让画面中的商品细节与文字搭配显得更自然和谐。

图 1-10　对称与均衡的布局表现形式

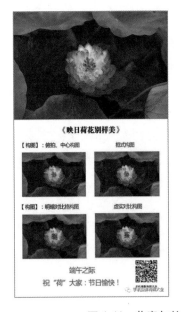
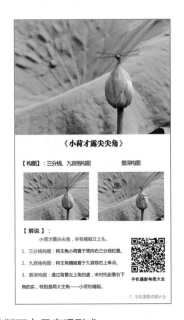

图 1-11　节奏与韵律的版面布局表现形式

3. 对比与调和

从文字含义上分析，对比与调和是一对充满矛盾的综合体，但它们实质上却又是相辅相成的统一体。在新媒体广告设计中，画面中的各种设计元素都存在着相互对比的关系，但为了找到视觉和心理上的平衡，设计师往往会在不断的对比中寻求能够相互协调的因素，让画面同时具备变数和和谐的审美情趣。

对比：对比是指差异性的强调。对比的因素存在于相同或相异的性质之间，也就是把相对的两要素互相比较之下，产生大小、明暗、黑白、强弱、粗细、疏密、高低、远近、动静、轻重等对比关系。对比的最基本要素是显示主从关系和统一变化的效果，如图1-12所示。

调和：调和是指适合、舒适、安定、统一，是近似性的强调，是两者或两者以上的要素之间具有的共性，如图1-13所示。

对比与调和是相辅相成的，在新媒体海报的版面构成中，一般整体版面宜采用调和，局部版面宜采用对比。

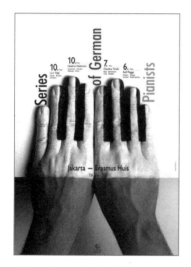

图1-12　对比布局的表现形式

图1-13　调和布局的表现形式

4.重复与交错

在网店的版面布局中，往往不断重复使用相同的基本形象，它们的形状、大小、方向都是相同的。重复能使设计产生安定、整齐、规律的统一。

但重复构成后的视觉感受有时容易显得呆板、平淡，缺乏趣味性，因此，我们在版面中可安排一些交错与重叠，以打破版面呆板、平淡的格局。

5.虚实与留白

虚实与留白是新媒体版面设计中重要的视觉传达手段，主要用于为版面增添灵气和制造空间感。两者都是采用对比与衬托的方式将版面中的主体部分烘托出来，使版面结构主次更加清晰，同时也能使版面更具层次感。

留白是版面中未放置任何图文的空间，它是"虚"的特殊表现手法。其形式、大小、比例决定着版面的质量。留白给人的感觉是轻松的，最大的作用是引人注意。在排版设计中，巧妙地留白，讲究空白之美，是为了更好地衬托主题、集中视线和造成版面的空间层次。例如，魅可产品的美妆海报设计留白，如图 1-14 所示。

在版面中巧妙地留出空白区域，使留白空间更好地衬托主体，将读者视线集中在画面主题之上。留白的手法在版式设计中运用广泛，可使版面更富空间感，给人丰富的想象空间。

任何形体都具有一定的实体空间，而在形体之外或形体背后呈现的细弱或朦胧的文字、图形和色彩就是虚的空间。实体空间与虚的空间之间没有绝对的分界，画面中每一个形体在占据一定的实体空间后，常常需要利用一定的虚的空间来获得视觉上的动态与扩张感。版面虚实相生，主体得以强调，画面更具连贯性。

图 1-14　留白的版面布局表现形式

1.3.2　图片布局的技巧

在新媒体界面设计的过程中，图片是除了文字外的另一个重要的传递信息途径，也是网络销售和微营销中最需要重点设计的一个设计元素。图片比文字的表现力更直接、更快捷、更形象、更有效，可以让信息传递更简洁。

1. 裁剪抠图，提炼精华

在设计新媒体界面时，大部分图片都是由摄影师拍摄的，它们在表现形式上大都是固定不变的，或在内容上只有一部分符合装修需要，此时就需要裁剪图片或者对图片进行抠图处理，使它们更符合版面设计的需求。例如，卡西欧手表的淘宝主图设计，如图 1-15 所示。

图 1-15　抠图并重新布局商品图片

2. 缩放图片，组合布局

对于同一种商品照片的布局设计来说，如果进行不同比例的缩放，也会获得不同的视觉效果，从而凸显出不同的重点。

如图 1-16 所示，为某女鞋的详情页，在处理图片的过程中，通过实拍照片展示商品的整体效果，凸显出商品的外形特点，让顾客对商品的注意力更加集中。同时，将图片进行缩放，展示出商品的细节，让顾客对商品的材质了解得更清楚，真实地还原商品的质感，更容易获得顾客的认可，给人逼真的触感。

需要注意的是，新媒体界面设计与普通的网页设计不同，它需要重点展示的是商品本身，并宣传商家的理念，因此，在设计过程中，可以适当地对商品图像进行遮盖，可以让商品的特点得以凸显，从而获得顾客更多的关注。

如图 1-17 所示，画面中通过将手机产品图形抠取出来，并适当地旋转隐藏部分图像，使主体商品在背景中显得轮廓更清晰、醒目而获得一个对称的效果。

图 1-16　缩放图片进行组合布局

图 1-17　适当地旋转隐藏部分商品图像

1.4　注意事项：新媒体界面的实用性

除了用美观来吸引用户外，新媒体界面还必须具备一定的实用性，要不然就成了一个"花架子"，用户也许会查看它，但查看后发现并不实用很可能就会立即退出。

实用性主要体现在：是否能为用户带来较好的操作和控制体验、重要的信息在界面中，能否得到直观的展示和功能设定是否简单明了等。

1.4.1　注重图片的分辨率美感

在新媒体设计中，图片的品质与分辨率有很大的关系，较高的分辨率可以让图片显得更加清晰、精美，能够体现出图片的内在质感，如图 1-18 所示。当然，图片如果非常模糊，品质较差，那么肯定会影响用户的视觉欣赏体验，降低用户对界面的好感度，如图 1-19 所示。

图 1-18　高分辨率图像

图 1-19　低分辨率图像

1.4.2　切勿随意拉伸图片

在设计新媒体界面中的图像时，如果随意拉伸图片，会造成图片失真、变形，不但看上去感觉很奇怪，而且还会让用户质疑设计者的专业性，如图 1-20、图 1-21 所示。

图 1-20　原图

图 1-21　随意拉伸的图片

因此，用户在处理图像时，应该按照等比缩放或者合理裁剪的原则来控制图片的尺寸，避免出现随意拉伸的情况，保持图像的真实感。

第 **2** 章

新媒体运营：
元素与图文广告设计

知识导读

　　图片和文字是商家进行新媒体运营时的主要武器，一张合适的图片与有干货技巧的文章，可以吸引更多的人来关注。好的图文设计能给新媒体的读者带来愉悦的视觉效果，也能有效地提高平台的知名度。

本章重点导航

◎ 新媒体元素设计
◎ 新媒体图文设计

2.1 新媒体元素设计

在新媒体时代，各类信息都争先恐后想要进入消费者的眼中。图片信息相对于其他信息更有优势，而且丰富的颜色可以让人第一眼就关注到它，运用适当的技巧来设计你的图片，可以让你的文章更加出彩。本节主要介绍一些新媒体的元素设计方法。

2.1.1 设计 LOGO 标志

LOGO 是徽标或者商标的外语缩写，是 LOGOtype 的缩写，它的存在，可以使拥有此商标的公司能更好地被识别与推广，并且通过形象的商标，可以让消费者记住公司主体和品牌文化。下面以"创客贴"为例，介绍制作 LOGO 标志的方法。

步骤 01 新建一个空白的 LOGO 模板图像，单击"素材分类区"的"图形"按钮，展开"图形"面板，在其中选择相应图形，图形将显示在画笔中央，如图 2-1 所示。

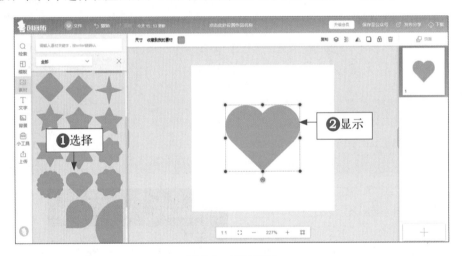

图 2-1　显示图形

步骤 02 适当缩小并旋转图像，移至合适的位置，单击"设计操作区"上方的"复制"按钮复制图形，如图 2-2 所示，旋转图像，移至合适的位置，如图 2-3 所示。

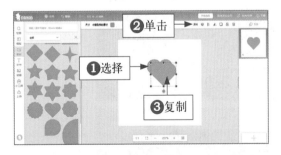

图 2-2　复制图形

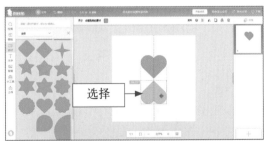

图 2-3　旋转并移动图形

步骤 03 用与上相同的方法制作出其他图形，如图2-4所示。选择最上方的图形，单击"设计操作区"上方的颜色方块，在弹出的列表框中选择合适的颜色，更改图形颜色，如图2-5所示。

步骤 04 单击"文字"按钮，切换至相应选项区，单击左上方的"添加标题文字"按钮。"设计操作区"将出现一个文本框，如图2-6所示。修改相应文本，为其设置不同的格式，如图2-7所示，即可完成LOGO设计。

图2-4　制作出其他的图形

图2-5　更改图形颜色

图2-6　出现文本框

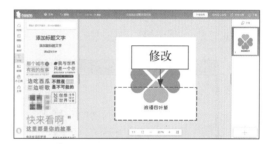

图2-7　修改相应文本

2.1.2　设计表单

表单在各大新媒体平台中主要负责数据采集，如调查问卷、投票等，它一般作为一个有目的的调研活动，所以表单质量尤为重要。设计表单主要应该考虑并明确两个问题，一是表单的主题，二是通过表单可以获得的信息，明确了这两个问题后，还需要尽量体现在表单的选项中，确保通过表单中所有的选项得出来的结果，可以回答之前的两个问题，则这份表单就是合格的。

麦客CRM是一款免费的用来对用户信息进行收集、管理以及拓展新用户的轻态表单工具，用户可以自己轻松设计表单，收集结构化数据，轻松进行数据管理。下面以麦客CRM为例，介绍制作表单的方法。

步骤 01 进入麦客CRM首页，按提示注册登录后，单击网站顶部的"表单"按钮，切换至相应界面，单击右上方的"创建表单"按钮，如图2-8所示，弹出相应对话框。用户可以选择"空白模板"选项，新建一个空白表单，完全由自己编辑，也可以选择"开始设计表单"选项，如图 2-9 所示。

图 2-8　单击"创建表单"按钮

步骤 02 在右侧的模板区中选取合适的模板，并单击"预览"按钮，确认后，单击界面右下方的"使用此模板"按钮，如图 2-10 所示。

步骤 03 即可应用此模板，进入表单编辑界面，界面左侧的"基础类组件"选项区中包含了表单常用的各种组件，右侧的"设置 / 外观"选项区中则主要是对整个表单进行设置，包括外观与表单提交等，在下方的"主题"选项区中可以具体设置表单的外观，如图 2-11 所示。

图 2-10　单击"使用此模板"按钮

步骤 04 单击表头文字，右侧会出现"文本描述"对话框，在此对话框中可以编辑表头的文本内容，如图 2-12 所示。单击问卷题目，右侧的对话框中会显示问题与选项，在此可以编辑问题与选项的内容，选项可以根据需要增加或减少。单击右上角的"预览"按钮，如图 2-13 所示。

步骤 05 预览编辑后的表单效果，检查是否还有需要改进的地方，确认无误后，单击右上角的"关闭预览"按钮，如图 2-14 所示，返回表单编辑界面。单击界面底部的"提交"按钮，如图 2-15 所示。

图 2-11　表单编辑界面

图 2-12　编辑表头的文本内容

图 2-13　单击"预览"按钮

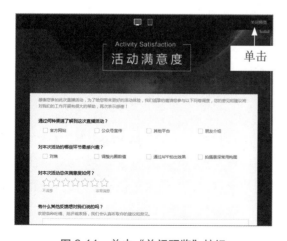

图 2-14　单击"关闭预览"按钮

图 2-15　单击"提交"按钮

步骤 06 弹出相应界面，单击"发布表单"按钮，如图 2-16 所示，即可发布表单并生成链接。用户可以将链接发布到各大新媒体平台，如图 2-17 所示。

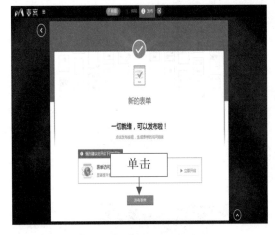

图 2-16　单击"发布表单"按钮

图 2-17　生成表单链接

2.2　新媒体图文设计

图文式的新媒体内容，其实就是指图片跟文字相结合，一篇文章中有图片也有文字的内容形式。图文式形式能让文章要表达的内容主旨更鲜明，同时读者的阅读体验感也会上升。只有一张好的图片才能与符合主题的文案结合在一起吸引读者的注意力。本节主要介绍一些新媒体的图文设计方法。

2.2.1　设计封面图

通常来说，封面图往往是读者看到的第一张图片，它是否能吸引读者，是读者点开链接、了解链接详情的重要因素。

如图 2-18 所示，为手机摄影构图大全公众号的文章封面，该公众号以摄影构图为主，所以图片是一张张非常精美的摄影作品，吸引着爱好摄影的朋友驻足，并点击查看是否还有更多精美的图片。

了解封面图片的重要性之后，可以开始尝试制作封面图，下面以创客贴为例，介绍制作封面图的方法。创客贴是一款非常简单的在线平面设计工具，它不需要下载客户端，可以直接在浏览器中编辑，此平台提供了大量的模板与图片素材，只要简单地拖动就可以轻松地制作出精美的图片。

步骤 01 进入创客贴首页，单击"开启设计"按钮，进入模板挑选页面，如图 2-19 所示。

步骤 02 各类模板根据使用的场景不同进行划分，每个类别又以不同平台和尺寸来划分，选择好喜欢的模板后，按照提示登录，即可进入设计页面，如图 2-20 所示，此处选择的是"官方公众号首图"中的一个模板，页面的左侧是"素材分类区"，中间是"设计操作区"，右侧则是"页面管理区"。

图 2-18　手机摄影构图大全公众号的文章封面

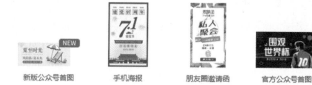

图 2-19　模板挑选页面

图 2-20　设计页面

步骤 03 首先可以修改文字信息，双击文字，即可修改文本内容，修改时，文字会变成黑体，修改完毕后，将鼠标光标移至方框外单击，即可应用修改，字体也会变成模板原来使用的字体。

步骤 04 如果对字体格式不满意，可以在"设计操作区"上方修改相应的格式，包括文字颜色、字体、字号、样式、对齐方式、字间距、行间距、透明度、复制、删除等。或者单击左侧的"文字"按钮，可以在其中挑选字体模板，只需单击选择的字体，字体就会出现在"设计操作区"中央，再修改文字信息即可，如图 2-21 所示。

图 2-21 修改文本内容

步骤 05 然后再修改背景图片，单击背景，图片变为可编辑状态，可在左侧"背景"中挑选纯色、纹理或渐变背景，如图 2-22 所示。

步骤 06 也可以使用一些图片来作为背景，单击左侧"素材"中的"图片"按钮，即可显示大量图片，用户可以从中挑选喜欢的图片作为背景，如图 2-23 所示。

图 2-22 背景界面

图 2-23 图片素材界面

步骤 07 如果想用自己已有的图片，可以单击左侧的"上传图片"按钮，用电脑或者手机上传图片，上传完成后图片会显示在左侧，单击上传的图片，即可添加到"设计操作区"。调整图片的位置与大小，再根据需要调整其他元素的位置，即可完成设计，如图 2-24 所示。

图 2-24　调整背景

步骤 08 当有新的元素添加至"设计操作区"时，会直接叠加在最上方，如果要将新元素放置底层的话，可以单击"设计操作区"右上方的"图层"按钮，在弹出的列表框中可以设置新元素的图层顺序，如图 2-25 所示。

图 2-25　移动图层列表框

步骤 09 如果觉得画面较空，也可以试着添加一些其他的元素，如线条、形状、图标等，挑选一些元素进行适当的组合，如图 2-26 所示。如果已经确定主题，也可以直接在搜索框中搜索关键词，即可跳出很多相关内容，如图 2-27 所示。

步骤 10 制作完成后，可以单击"设计操作区"下方的预览按钮，对封面图进行预览，看标题是否会遮挡住封面图的信息，如图 2-28 所示。但需要注意的是，只有在编辑微信封面图时才能预览。

步骤 11 确认无误后，选择界面左上方的"文件"|"保存"命令，即可将文件保存到"设计管理"，方便以后再次调用，如图 2-29 所示。

图 2-26 "素材"界面

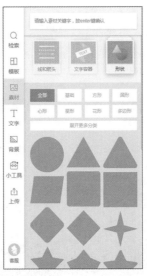

图 2-27 "检索"界面

图 2-28 预览微信封面图

图 2-29 保存封面图

步骤 12 完成后可以下载图片保存到电脑，单击右上方的"下载"按钮，即可弹出"下载作品"对话框。设置需要的图片格式后，单击"确认下载"按钮，如图 2-30 所示。

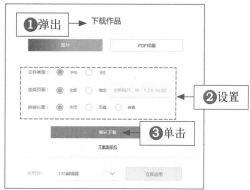

图 2-30 下载封面图

步骤 13 如果想要将自己的作品分享到其他平台，单击右上方的"发布分享"按钮即可弹出"分享设计"对话框，并生成图片链接，复制链接发布到其他平台，或者直接分享至对话框下方的三个平台之一，如图 2-31 所示。

图 2-31 分享封面图

2.2.2 设计信息长图

信息图原本是新闻编辑用来对一个新闻事件的过程进行解读的图片，但是因现在移动用户的增加，使一张图片已经容纳不下所有的信息，信息长图由此而生，如图 2-32 所示。

信息长图可以直接用软件设计，也可以设计多张小图后拼接起来，变成一张长图。下面以创客贴为例，介绍制作信息长图的方法。

步骤 01 以直接使用模板设计信息长图为例，挑选好模板后，单击进入编辑界面，如图 2-33 所示。用户可以根据需要，修改相应的文本与图片，但是在设计内容时，要注意不要有大幅的文字数据，大幅的文字会给人一种疲倦的心理感受，让人没看完就已经想离开界面。所以在设计时，如果有大幅的文字数据，可以尝试用图表来表达，形象化的图表不仅可以让画面更美观，还可以引起观看者的兴趣。

图 2-32　信息长图

图 2-33　编辑界面

步骤 02 但是创客贴对图表的可编辑空间不大，所以图表将使用"百度图说"(http://tushuo.baidu.com)工具来制作。进入"百度图说"首页，单击"开始制作图表"按钮，按提示登录，再单击"创建图表"按钮，将会弹出相应的对话框，在对话框中根据不同性质的数据可以选择合适的图表样式，如图2-34所示。常用的图表大约为柱状图、饼图和折线图等，柱状图适合表现数量的对比，饼图适合表现数据中各项参数的比例，折线图适合表现相等时间间隔下数据的趋势走向。

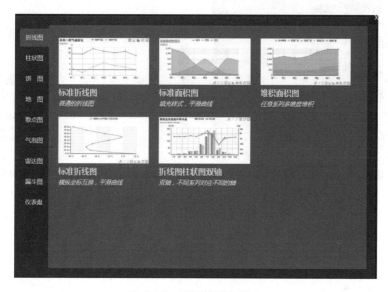

图 2-34 不同的图表样式

步骤 03 此处选择的是"标准折线图"图表样式。进入图表编辑界面，当鼠标光标移至图表中时，图表左上方会显示相应的按钮，单击"数据编辑"按钮，如图2-35所示，界面的左侧会弹出"数据编辑"面板，如图2-36所示，通过双击鼠标左键对表格名称、数值进行修改，可以直接影响折线图的变化。

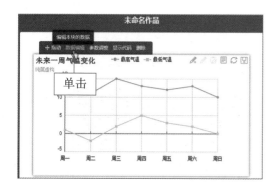

图 2-35 单击"数据编辑"按钮

图 2-36 弹出"数据编辑"面板

步骤 04 单击图表左上方的"数据编辑"按钮，在弹出的面板中，可以对图表的尺寸、

颜色、位置、标题等细节进行相应的设置，如图 2-37 所示。图表默认是透明的背景，如果信息长图的背景有色彩变化，笔者建议将图表的背景设置为白色，在"参数调整"面板选择"基础"|"通用"|"图整体背景颜色"命令，会弹出相应的对话框，在对话框中可以设置需要的色彩，如果对调整后的色彩不满意，也可以单击对话框右下角的 按钮清除颜色，如图 2-38所示。

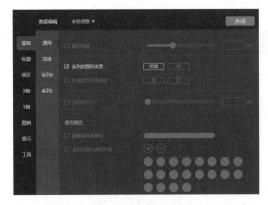

图 2-37　设置相应参数

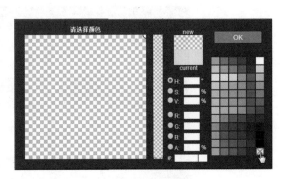

图 2-38　清除颜色

步骤 05 图表制作完成后，单击图表右上方的 图标进行保存，进入图表预览，在图表中单击鼠标左键，即可下载图表，将下载后的图表上传至"创客贴"，再将图表添加至信息长图页面中即可。设计完成后，选择"文件"|"保存"命令，再单击"下载"按钮，在弹出的"下载作品"对话框中，单击"确认下载"按钮，即可获得设计好的信息长图。

2.2.3　设计九宫格图片

九宫格图片是由九个方格形的图片拼接组成的，根据这一特性，可以制作出一些有创意的图片。如图 2-39 所示，为"新东方"的九宫格宣传海报。

图 2-39　"新东方"的九宫格宣传海报

下面以电脑端的"美图秀秀"为例，介绍制作九宫格图的方法。

步骤 01 在"美图秀秀"中打开一张需要制作九宫格的图片，单击"更多功能"标签下的"九格切图"按钮，如图2-40所示。进入"九宫格"界面，设置相应画笔形状与滤镜；单击"保存到本地"按钮，如图2-41所示。

图 2-40　单击"九格切图"按钮

图 2-41　单击"保存到本地"按钮

步骤 02 弹出"保存"对话框，选中"保存9张切图"单选按钮，单击"确定"按钮，如图2-42所示。设置保存位置后即可保存图片，再次打开一张图片并适当裁剪，单击左侧的"应用"按钮，应用裁剪，再单击下方的"完成裁剪"按钮，如图2-43所示。

图 2-42　单击"确定"按钮

图 2-43　单击"完成裁剪"按钮

步骤 03 弹出"保存与分享"对话框，单击"保存"按钮，保存图片，如图2-44所示。将裁剪好的图片发送到手机，按顺序点击图片，用裁剪后的图片替换"_4.jpg"图片，编辑并发表，即可制作出九宫格效果，如图2-45所示。

图 2-44　单击"保存"按钮

图 2-45　九宫格图片效果

2.2.4　设计个人海报图片

简拼是一款记录美好、抒写情怀的拼图 APP，其模板偏简约文艺风，并且包含简约、便签、封面、拼接、名片和明信片等多种类型的模板。同时，简拼还拥有强大的文字编辑功能，让用户可以最大限度地编辑文字。下面笔者将详细介绍使用简拼 APP 设计海报名片的方法。

步骤 01 进入简拼 APP，点击界面下方的 按钮，如图 2-46 所示。进入到模板挑选界面，选择合适的模板并点击，如图 2-47 所示。

图 2-46　点击相应按钮

图 2-47　点击相应模板

步骤 `02` 进入照片选择界面选择相应图片，点击"下一步"按钮，如图 2-48 所示。进入模板编辑界面，用户可以根据需要替换相应图片。如果选择的模板含有二维码图片，也可以替换成自己的微信二维码，点击二维码图片，如图 2-49 所示。

图 2-48　点击"下一步"按钮

图 2-49　点击二维码图片

步骤 `03` 进入相应界面，提示用户需要先保存二维码图片，并且有相应的图片教程，保存二维码后，返回简拼 APP 界面。点击界面底部的 ⊕ 按钮，如图 2-50 所示。按提示选择并添加二维码图片，添加完毕后点击下面的 OK 按钮即可完成替换自己二维码的操作，如图 2-51 所示。

图 2-50　点击相应按钮

图 2-51　点击白色方框

步骤 04 点击相应文字，弹出输入文本框，修改相应文本内容，修改完成后点击✓按钮确认修改，如图 2-52 所示。运用同样的方法，修改其他文本内容，修改完成后点击右上角的🗒图标，如图 2-53 所示。

图 2-52 确认修改

图 2-53 点击相应图标

步骤 05 弹出三个按钮，点击"保存到本地"按钮，如图 2-54 所示。进入个人主页，系统提示海报名片制作完成，如图 2-55 所示，用户也可根据需要分享至各大新媒体平台。

图 2-54 点击"保存到本地"按钮

图 2-55 提示制作完成

专家指点

　　在照片选择界面选择照片时，建议不要一次性选择多张图片，若是一次性选择了多张图片，再点击"下一步"按钮，如图 2-56 所示，在模板编辑界面则会出现三张图片堆叠在一起的情况，如图 2-57 所示。

图 2-56　选择了多张图片

图 2-57　图片堆叠在一起

第 **3** 章

朋友圈：
朋友圈相册封面设计

知识导读

　　据数据统计，微信朋友圈营业额在一年内可以达到 1500 亿元以上，由此可见，微信朋友圈是一个绝佳的销售场所，将自己的朋友圈设计得有个性一些，可以让更多的人记住你，从而达到提高销售额的目的。

本章重点导航

◎ "日月视觉"朋友圈设计
◎ "美协团队"朋友圈设计

3.1 "日月视觉"朋友圈设计

在制作招代理朋友圈界面时，运用深蓝色背景加紫色的光斑点缀作为背景图像，并且采用层次感较强的主体文字，可以使整体更为突出。

本实例最终效果如图 3-1 所示。

图 3-1　实例效果

扫一扫观看在线视频：

"日月视觉"朋友圈设计

3.1.1　制作朋友圈相册封面背景

下面详细介绍制作朋友圈相册封面背景效果的方法。

步骤 01 在菜单栏中，选择"文件"|"打开"命令，打开"朋友圈背景 .jpg"素材图像，如图 3-2 所示。

步骤 02 选取工具箱中的矩形选框工具，在图像编辑窗口中的合适位置绘制一个矩形选框，如图 3-3 所示。

<<<<<

图 3-2　打开素材图像

图 3-3　绘制矩形选框

步骤 03　选择"选择"|"修改"|"羽化"命令，弹出"羽化选区"对话框，设置"羽化半径"为 100 像素，单击"确定"按钮，即可羽化选区，效果如图 3-4 所示。

步骤 04　选择"窗口"|"调整"命令，展开"调整"面板，单击"曲线"按钮，新建"曲线 1"调整图层，如图 3-5 所示。

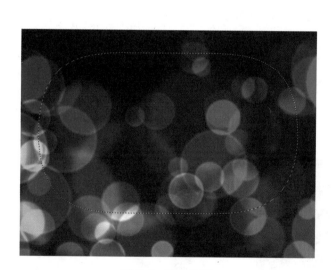

图 3-4　羽化选区

图 3-5　新建调整图层

步骤 05　展开"属性"面板，在曲线上单击鼠标左键新建一个控制点，在下方设置"输入"为 172、"输出"为 125，如图 3-6 所示。

步骤 06　适当降低选区内图像的亮度，效果如图 3-7 所示。

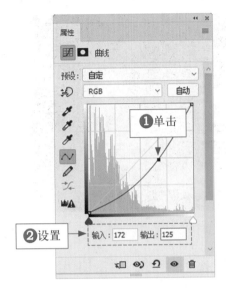

图 3-6 设置各参数

图 3-7 图像效果

3.1.2 制作朋友圈相册封面头像

下面详细介绍制作朋友圈相册封面头像效果的方法。

步骤 01 按 Ctrl+O 组合键，打开"朋友圈头像 .jpg"素材图像，运用移动工具将素材图像拖曳至背景图像编辑窗口中，适当调整图像的位置，如图 3-8 所示。

步骤 02 选取工具箱中的自定形状工具，在工具属性栏中单击"填充"右侧的色块，在弹出的下拉列表框中选择"渐变"选项，在"预设"选项区中选择"橙，黄，橙渐变"渐变色，如图 3-9 所示。

图 3-8 调整图像位置

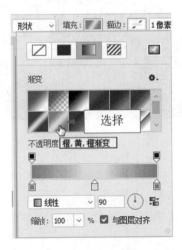

图 3-9 选择"橙，黄，橙渐变"渐变色

步骤 03 选择渐变条下的第三个色标，并将其删除，如图3-10所示。

步骤 04 继续在工具属性栏中设置"描边"为无、"形状"为"皇冠1"，在图像编辑窗口中的适当位置绘制一个形状，如图3-11所示。

绘制

图3-10 删除色标

图3-11 绘制形状

步骤 05 在图层面板中，选择"形状1"图层，单击鼠标右键，在弹出的快捷菜单中选择"栅格化图层"命令，如图3-12所示，将形状栅格化。

步骤 06 按Ctrl+T组合键，调出变换控制框，适当旋转图像，并按Enter键确认变换，运用移动工具调整图像的位置，在图层面板中调整至"朋友圈头像"图层的下方，如图3-13所示。

3.1.3 制作朋友圈相册封面文案

下面详细介绍制作朋友圈相册封面文案效果的方法。

步骤 01 选取工具箱中的横排文字工具，在"字符"面板中设置"字体系列"为"方正大黑简体"、"字体大小"为12点、"设置所选字符的字距调整"为100、"颜色"为白色(RGB参数值均为255。在图像编辑窗口中输入文字，运用移动工具调整文字的位置，如图3-14所示。

步骤 02 选取工具箱中的横排文字工具，在"字符"面板中设置"字体系列"为"方正准圆简体"、"字体大小"为18点、"设置所选字符的字距调整"为100、"颜色"为白色(RGB参数值均为255)。在图像编辑窗口中输入文字，运用移动工具调整文字的位置，如图3-15所示。

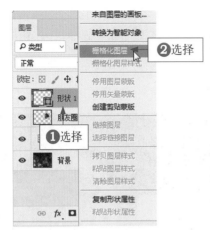

图 3-12　栅格化形状

图 3-13　旋转图像

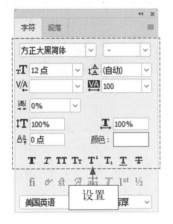

图 3-14　输入并调整文字

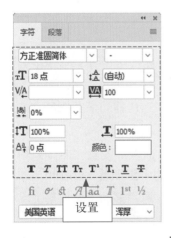

图 3-15　输入并调整文字

步骤 03 在"字符"面板中设置"字体系列"为"微软雅黑"、"字体大小"为8点、"设置所选字符的字距调整"为100、"行距"为14点、"颜色"为白色 (RGB 参数值均为255)，在图像编辑窗口中输入文字，运用移动工具调整文字的位置，效果如图 3-16 所示。

步骤 04 在"字符"面板中设置"字体系列"为"微软雅黑"、"字体大小"为12点、"设置所选字符的字距调整"为100、"颜色"为白色 (RGB 参数值均为255)，在图像编辑窗口中输入文字，运用移动工具调整文字的位置，效果如图 3-17 所示。

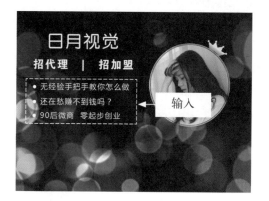
图 3-16　输入并调整文字

图 3-17　输入并调整文字

3.2　"美协团队"朋友圈设计

本实例设计的素材是"美协团队"的企业朋友圈相册封面，主要采用蓝色的背景，并添加华丽的装饰素材，可以很好地突出其中要表达的信息，效果如图 3-18 所示。

图 3-18　微信朋友圈相册封面设计

扫一扫观看在线视频：

"美协团队"朋友圈设计

3.2.1 设计朋友圈封面背景效果

下面主要运用渐变工具和光斑素材，制作蓝色的封面背景效果。

步骤 01 选择"文件"|"新建"命令，弹出"新建文档"对话框，设置"名称"为"朋友圈相册封面"、"宽度"为 600 像素、"高度"为 600 像素、"分辨率"为 300 像素 / 英寸、"颜色模式"为"RGB 颜色"、"背景内容"为"白色"，设置完成后单击"创建"按钮，如图 3-19 所示，新建一个空白图像。

步骤 02 在"图层"面板中，新建"图层 1"图层，如图 3-20 所示。

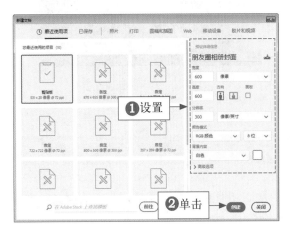

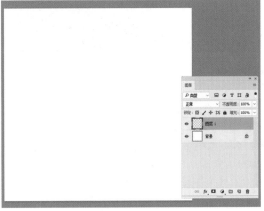

图 3-19 "新建文档"对话框   图 3-20 新建"图层 1"图层

步骤 03 选取工具箱中的渐变工具，单击工具属性栏中的"点按可编辑渐变"按钮，弹出"渐变编辑器"对话框，设置第一个色标的颜色为深蓝色 (RGB 参数值分别为 11、33、90)，如图 3-21 所示。

步骤 04 设置第一个色标的"位置"为 8%；并设置另一个色标的颜色为浅蓝色 (RGB 参数值分别为 18、150、231)，如图 3-22 所示。

步骤 05 单击"确定"按钮，返回图像编辑窗口，将鼠标指针移动至图像编辑窗口的左下角位置，单击鼠标左键并向右上角拖曳，释放鼠标左键，填充径向渐变颜色，效果如图 3-23 所示。

步骤 06 按 Ctrl+O 组合键，打开"烟花 .jpg"素材图像，运用移动工具将素材图像拖曳至背景图像编辑窗口中的适当位置，如图 3-24 所示。

步骤 07 在"图层"面板中，设置"图层 2"图层的"混合模式"为"滤色"，效果如图 3-25

<<<<<

所示。

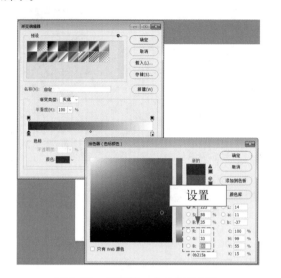

图 3-21 设置第一个色标的颜色

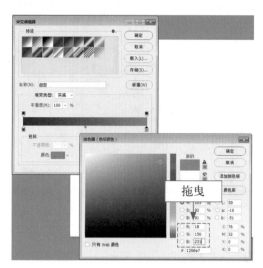

图 3-22 设置另一个色标的颜色

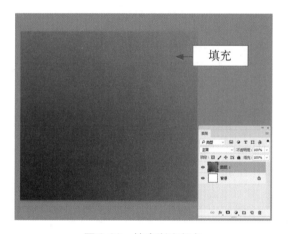

图 3-23 填充渐变颜色

图 3-24 添加烟花素材

步骤 08 选取工具箱中的矩形选框工具，在图像编辑窗口中绘制一个矩形选框，如图 3-26 所示。

步骤 09 选择"选择"|"修改"|"羽化"命令，弹出"羽化选区"对话框，设置"羽化半径"为 50 像素，单击"确定"按钮，即可羽化选区，效果如图 3-27 所示。

步骤 10 新建"曲线 1"调整图层；展开"属性"面板，在曲线上单击鼠标左键新建一个控制点，在下方设置"输入"为 200、"输出"为 172，适当降低选区内图像的亮度，效果如图 3-28 所示。

图 3-25　混合图像效果

图 3-26　绘制矩形选框

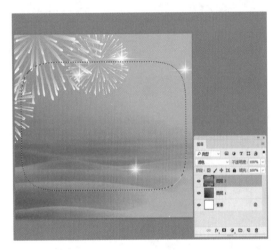

图 3-27　羽化选区

图 3-28　降低选区内图像的亮度

3.2.2　设计朋友圈封面主体效果

下面主要运用魔棒工具进行抠图，制作出朋友圈封面主体人物效果。

步骤 01 按 Ctrl+O 组合键，打开"人物 .jpg"素材图像，如图 3-29 所示。

步骤 02 选取工具箱中的磁性套索工具，沿着人物边缘拖曳将人物选中，如图 3-30 所示。

步骤 03 按 Ctrl+J 组合键，复制选区内的图像，得到"图层 1"图层，如图 3-31 所示。

步骤 04 隐藏"背景"图层，即可抠取人物部分的图像，效果如图 3-32 所示。

图 3-29　打开素材图像

图 3-30　选中人物

图 3-31　拷贝选区内的图像

图 3-32　隐藏背景图层

💬 **专家指点**

　　现在微信朋友圈的主要消费者是年轻人，大多数年轻人将个性放在首位，讲究潮流和时尚，因此朋友圈要做好营销，首当其冲的就是要做好个性营销，满足他们"要不我第一，要不我唯一"的独特个性，实现与他们思维的同频，获得共鸣和共振效果，才能更好地拉近与他们的距离，实现营销。

　　现在都讲视觉营销，也讲位置的重要性，而微信朋友圈首先进入大家视野的就是微信的头像。可以说，这小小的头像图片，就是微信最引人注目的广告位，我们一定要用好，千万不要浪费了！

步骤 05 运用移动工具，将选区内的图像拖曳至背景图像编辑窗口中，适当调整其大小和位置，如图 3-33 所示。

步骤 06 选取工具箱中的磁性套索工具，在人物图像上创建一个选区，如图 3-34 所示。

图 3-33 合成人物图像

图 3-34 创建自由选区

步骤 07 按 Ctrl+Shift+I 组合键反向选择选区，如图 3-35 所示。

步骤 08 按 Delete 键删除选区内的图像并按 Ctrl+D 组合键取消选区，效果如图 3-36 所示。

图 3-35 反向选择

图 3-36 调整图像

专家指点

　　文字是多数设计作品尤其是商业作品中不可或缺的重要元素，有时甚至在作品中起着主导作用，Photoshop除了提供丰富的文字属性设计及版式编排功能外，还允许对文字的形状进行编辑，以便制作出更多、更丰富的文字效果。

　　为作品添加文字对于任何一种软件都是必备的，对于Photoshop也不例外，用户可以在Photoshop中为作品添加水平或者垂直排列的各种文字，还能够通过特别的工具创建文字的选择区域，更好地进行创意设计。

步骤 09 打开"麦穗.png"素材图像，运用移动工具将素材图像拖曳至背景图像编辑窗口中的适当位置。适当地调整图层顺序和大小，效果如图3-37所示。

步骤 10 选择横排文字工具，设置字体为"华康海报体W..."、字体大小为12点、输入相应的文字，在"图层面板"中，双击文字图层，添加"斜面与浮雕"图层样式，设置"样式"为"外斜面"、"方法"为"平滑"、"深度"为927%、"大小"为4像素、"阴影模式"为"正片叠底"、阴影模式下面的"不透明度"为48%，效果如图3-38所示。

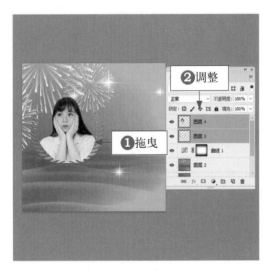

图3-37　调整图层顺序

图3-38　添加文字效果

3.2.3　设计朋友圈封面文字效果

　　下面主要运用矩形选框工具和渐变工具制作文字的底纹，让文本内容更加突出，实现更好的宣传效果。

步骤 01 选取工具箱中的矩形选框工具，在图像编辑窗口中绘制一个矩形选框，如图3-39所示。

步骤 02 在"图层"面板中，新建"图层5"图层，如图3-40所示。

图 3-39　绘制矩形选框

图 3-40　新建图层

专家指点

　　在自己的朋友圈中，点击相册封面的背景图片，会弹出设置背景页面，可以自行更换。朋友圈的相册封面是一个很重要的广告入口，专业的、有经验的企业都会将广告作为朋友圈的封面，其他需要打广告的商家也可以用这种方法。

　　步骤 03 选取工具箱中的渐变工具，设置渐变类型为径向渐变，单击工具属性栏中的"点按可编辑渐变"按钮，弹出"渐变编辑器"对话框，设置渐变色为白色到透明，如图 3-41 所示，单击"确定"按钮。

　　步骤 04 运用渐变工具在矩形选区的中间至周围区域拖曳，填充渐变色，取消选区，如图 3-42 所示。

图 3-41　设置渐变色

图 3-42　填充渐变色

步骤 05 选取工具箱中的横排文字工具，在"字符"面板中设置"字体系列"为"方正大黑简体"、"字体大小"为5点、"所选字符的字距调整"为200、"颜色"为深蓝色（RGB参数值分别为5、15、61）。在图像编辑窗口中输入文字，如图3-43所示。

步骤 06 打开"文字.psd"素材图像，运用移动工具将素材图像拖曳至背景图像编辑窗口中的适当位置，效果如图3-44所示。

图 3-43　输入文字

图 3-44　添加文字素材

第 4 章

公众号：
推文广告与求关注设计

知识导读

　　伴随着微信的火爆发展，微信公众平台也应运而生。越来越多的商家、企业、个人都申请开通微信公众平台，用于营销或者其他用途。所以微信公众号的界面设计也变得重要起来，美观的界面更吸引人，更容易获得关注。

本章重点导航

◎ 公众号封面广告设计
◎ 公众号内容图片设计

◎ 公众号求关注设计

4.1 公众号封面广告设计

　　微信公众号封面广告是微信文章正文非常重要的一部分，一个精美的封面，带给平台的阅读量是不可估量的。图片能够给文字插上飞翔的翅膀，让文字所要传达的情感更加深入人心，运用得当的图片能够成为微信公众号打动读者的强力武器。本实例主要介绍一个图书宣传的微信公众号封面广告界面设计，效果如图4-1所示。

图 4-1　微信公众号封面广告界面设计

扫一扫观看在线视频：

公众号封面广告设计

4.1.1　设计公众号封面广告背景效果

　　下面主要运用"描边"命令制作黑色的背景边框效果，让公众号封面广告的层次感更强。

　　步骤 01 选择"文件"|"新建"命令，弹出"新建文档"对话框，设置"名称"为"公众号封面广告设计"、"宽度"为900像素、"高度"为500像素、"分辨率"为300像素/英寸、"颜色模式"为"RGB颜色"、"背景内容"为"白色"，设置完成后单击"创建"按钮，如图4-2所示，新建一个空白画布。

　　步骤 02 在"图层"面板中，新建"图层1"图层，并填充为白色，如图4-3所示。

对于封面图片的尺寸大小，平台给出的建议是：如果是小图片，建议大小为200像素×200像素。笔者给出的建议是：900像素×500像素，有时候，图片尺寸过大或者过小，很容易造成图片被压缩变形，那样制作出来的效果就会大打折扣。

步骤 03 选择"编辑"|"描边"命令，弹出"描边"对话框，设置"宽度"为15像素、"颜色"为黑色、"位置"为"内部"，如图4-4所示。

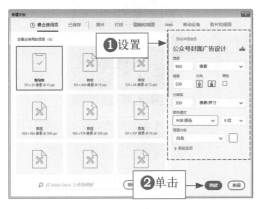

图4-2 "新建文档"对话框

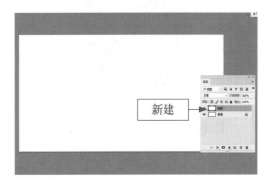

图4-3 新建"图层1"图层

步骤 04 单击"确定"按钮，即可添加描边效果，如图4-5所示。

图4-4 设置"描边"选项

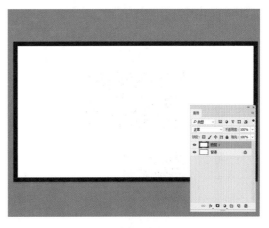

图4-5 添加描边效果

4.1.2 设计公众号封面广告主体效果

下面主要运用变换工具和图层蒙版工具等，制作书籍封面主体的立体效果和倒影效果，让图像看上去更加真实。

步骤 01 按 Ctrl+O 组合键，打开"书籍 .psd"素材图像，如图 4-6 所示。

步骤 02 选取工具箱中的矩形选框工具，在书籍封面的正面创建一个矩形选区，如图 4-7 所示。

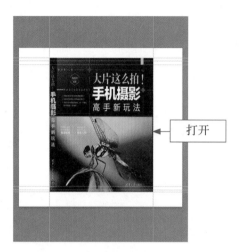

图 4-6 打开素材图像

图 4-7 创建矩形选区

步骤 03 按 Ctrl+T 组合键，调出变换控制框，在其中单击鼠标右键，在弹出的快捷菜单中选择"扭曲"选项，如图 4-8 所示。

步骤 04 按住 Shift 键的同时，依次向下和向上拖曳相应的控制柄，扭曲图像，按 Enter 键，确认变换操作，如图 4-9 所示。

图 4-8 选择"扭曲"选项

图 4-9 扭曲图像

步骤 05 按 Ctrl+J 组合键，复制选区内的图像，得到"图层 1"图层；选择"编辑"|"变换"|"垂直翻转"命令，垂直翻转图像，并将其移至合适的位置，效果如图 4-10 所示。

<<<<<

步骤 06 选择"编辑"｜"变换"｜"斜切"命令，调出变换控制框，向上拖曳右侧的控制柄至合适的位置，按 Enter 键，确认变换操作，效果如图 4-11 所示。

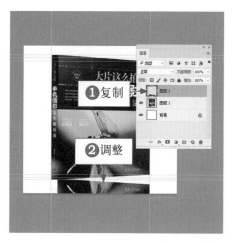

图 4-10　垂直翻转图像

图 4-11　斜切图像

专家指点

选区在图像编辑过程中占有重要的位置，它限制着图像编辑的范围和区域，灵活而巧妙地应用选区，能得到许多意想不到的效果。

步骤 07 在"图层"面板中，设置"图层 1"图层的"不透明度"为 40%，单击"图层"面板底部的"添加图层蒙版"按钮，添加图层蒙版。使用渐变工具，在图像编辑窗口中，从下向上拖曳，填充黑色到白色的线性渐变，隐藏部分图像，如图 4-12 所示。

步骤 08 用与上同样的方法，制作书籍封面侧面的立体效果，如图 4-13 所示。

图 4-12　隐藏部分图像

图 4-13　制作侧面立体效果

4.1.3 设计公众号封面广告整体效果

下面主要运用图层样式和文字工具，制作公众号封面广告的整体效果。

步骤 01 在"图层"面板中，选择除"背景"图层外的其他所有图层，单击鼠标右键，在弹出的快捷菜单中选择"合并图层"命令，如图 4-14 所示。

步骤 02 将合并后的图像拖曳至背景图像编辑窗口中，适当地调整其大小和位置，效果如图 4-15 所示。

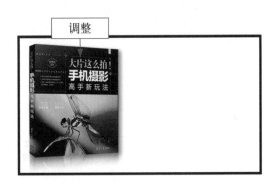

图 4-14 选择"合并图层"命令　　　图 4-15 拖入书籍封面立体素材

步骤 03 双击"图层 2"图层，弹出"图层样式"对话框，选中"投影"复选框，设置"距离"为 5 像素、"大小"为 15 像素，如图 4-16 所示。

步骤 04 单击"确定"按钮，即可添加"投影"图层样式，效果如图 4-17 所示。

步骤 05 选取工具箱中的横排文字工具，在"字符"面板中设置"字体系列"为"方正大黑简体"、"字体大小"自由调整、"行距"为 18 点、"颜色"为绿色 (RGB 参数值分别为 147、145、9) 和黑色 (RGB 参数值均为 0)，如图 4-18 所示。

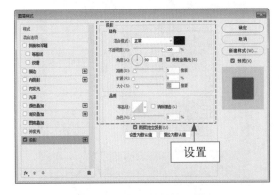

图 4-16 设置"投影"选项　　　图 4-17 添加"投影"图层样式

步骤 06 运用横排文字工具创建一个文本框，在其中输入相应的文字，适当调整文本框的大小和位置，如图 4-19 所示。

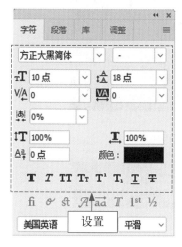

图 4-18　设置字符属性

图 4-19　输入标题文字

步骤 07 运用横排文字工具创建一个文本框，输入相应的文字，在"字符"面板中设置"字体系列"为"微软雅黑"、"字体大小"为 6 点、"行距"为 10 点，分别为字符和文字设置不同的"颜色"参数，效果如图 4-20 所示。

步骤 08 打开"按钮 .psd"素材图像，运用移动工具将素材图像拖曳至背景图像编辑窗口中的适当位置，效果如图 4-21 所示。

图 4-20　输入宣传文字

图 4-21　添加按钮素材

4.2　公众号内容图片设计

微信公众号是开发者或商家在微信公众平台上申请的应用账号，通过公众号，商家可在微信平台上实现和特定群体的文字、图片、语音、视频的全方位沟通、互动。一个成功的微信公众号，可以更好地推广自己的产品、服务或理念等内容。接下来我们制作公众号内容设计，效果如图 4-22 所示。

图 4-22　实例效果

4.2.1　制作内容图片主体效果

步骤 01　选择"文件"|"新建"命令，弹出"新建文档"对话框，设置"名称"为"湘江夜景"、"宽度"为 1080 像素、"高度"为 1920 像素、"分辨率"为 72 像素 / 英寸、"颜色模式"为"RGB 颜色"、"背景内容"为"白色"，设置完成后单击"创建"按钮，如图 4-23 所示，新建一个空白画布。

步骤 02　按 Ctrl+O 组合键，打开"照片 1.jpg"素材图像，如图 4-24 所示。

步骤 03　运用移动工具将其拖曳至背景图像编辑窗口中，如图 4-25 所示。

步骤 04　按 Ctrl+T 组合键，调出变换控制框，适当地调整图像的大小和位置，效果如图 4-26 所示。

步骤 05　按 Ctrl+O 组合键，打开"照片 2.jpg"，运用移动工具将其拖曳至背景图像编辑窗口中，适当地调整图像的大小和位置，如图 4-27 所示。

步骤 06　按 Ctrl+O 组合键，打开"照片 3.jpg"，运用移动工具将其拖曳至背景图像编辑窗口中，适当地调整图像的大小和位置，如图 4-28 所示。

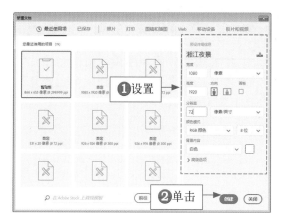

图 4-23　新建文档

图 4-24　打开图片

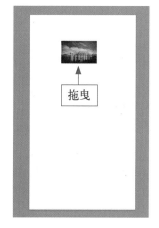

图 4-25　打开素材图像

图 4-26　调整图片

图 4-27　调整图片

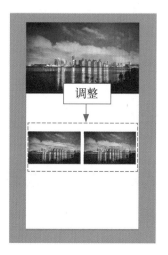

图 4-28　调整图片

公众号文章编辑可以根据公众号定位的读者，按其阅读时间和阅读习惯而对图片的大小做调整。之所以说要选择合适的图片大小，就是从给读者阅读体验出发的，避免让过大的图片耗费读者大量的流量，同时还要耗费图片加载的时间。

4.2.2 制作内容图片文字效果

下面详细介绍制作内容图片文字效果的方法。

步骤 01 在工具箱中选取横排文字工具，在"字符"面板中设置"字体系列"为"方正粗宋简体"、"字体大小"为55点、"设置所选字符的字距调整"为25点、颜色为黑色，如图4-29所示。

步骤 02 输入文字"《湘江夜景》"，拖曳至合适的位置，如图4-30所示。

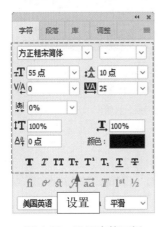

图 4-29 设置字符面板

图 4-30 拖曳至合适的位置

步骤 03 再次运用横排文字工具输入相应的文字，在"字符"面板中设置"字体系列"为"微软雅黑体"、"字体大小"为36点、"行距"为自动、"所选字符的字距调整"为–75点，然后拖曳至合适的位置，如图4-31所示。

步骤 04 按Ctrl+O组合键，打开"文字2.psd"素材图像，适当地调整图像的大小和位置，如图4-32所示。

很多读者在阅读文章的时候希望能有一个轻松、愉快的阅读体验，不愿在压抑的环境下阅读，所以在选择图片时要注意选择那些色彩明亮的图片，这种类型的图片能给读者带来轻松的阅读体验。

图 4-31　输入文字

图 4-32　添加素材图像

步骤 05 按 Ctrl+O 组合键，打开"公众号二维码 .psd"素材图像，适当地调整图像的大小和位置，如图 4-33 所示。

步骤 06 在"字符"面板中设置"字体系列"为"方正细黑一简体"、"字体大小"为30 点、"所选字符的字距调整"为 –50 点，运用横排文字工具输入相应文字，适当地调整文字的位置，如图 4-34 所示。

图 4-33　添加素材图像

图 4-34　输入文字

步骤 07 在"字符"面板中设置"字体系列"为"方正黄草简体"、"字体大小"为48点、"行距"为60点，"所选字符的字距调整"为50点，如图4-35所示。

步骤 08 选择工具箱中的"横排文字工具"输入相应文字，适当地调整文字的位置，如图4-36所示。

图4-35 设置字符面板

图4-36 输入文字

专家指点

像素是组成图像的最小元素，由于它们都是正方形的，所以在创建圆形、多边形等不规则选区时便容易产生锯齿，此时可以勾选工具属性栏中的"消除锯齿"复选框 ☑ 消除锯齿，勾选该选项后，Photoshop会在选区边缘1个像素宽的范围内添加与周围图像相近的颜色，使选区看上去更光滑一些。

4.3 公众号求关注设计

在制作公众号求关注图片时，运用矩形工具绘制出线框效果，加上适当的装饰性图形，再放入二维码，配上一些说明性的文字，可以准确地将信息传达给读者，为自媒体名人和微信公众号获得更好的引流效果，如图4-37所示。

图 4-37　实例效果

扫一扫观看在线视频：

公众号求关注设计

4.3.1　制作矩形框背景效果

下面详细介绍制作公众号求关注界面中的矩形框背景效果的方法。

步骤 01　选择"文件"|"新建"命令，弹出"新建文档"对话框，设置"名称"为"公众号求关注设计"、"宽度"为926像素、"高度"为976像素、"分辨率"为300像素/英寸、"颜色模式"为"RGB颜色"、"背景内容"为"白色"，如图4-38所示，设置完成后单击"创建"按钮，新建一个空白图像。

步骤 02　选取工具箱中的矩形工具，在图像编辑窗口中绘制一个矩形框，设置"填充"为白色(RGB参数值均为255)、"描边"为灰色(RGB参数值均为130)、"描边宽度"为1像素，效果如图4-39所示。

步骤 03　复制"矩形1"图层，得到"矩形1拷贝"图层，如图4-40所示。

步骤 04　复制矩形框，适当地调整其大小和位置，效果如图4-41所示。

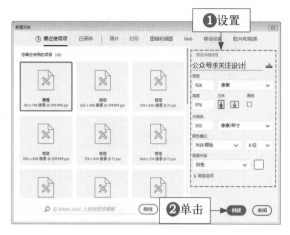

图 4-38　新建空白文档

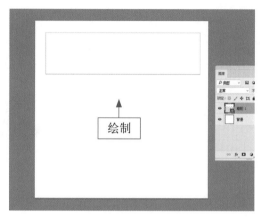

图 4-39　绘制矩形框

图 4-40　复制图层

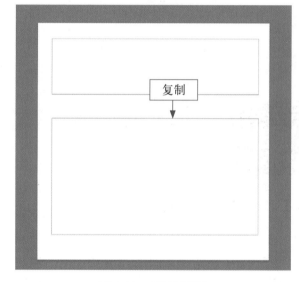

图 4-41　复制矩形框

4.3.2　制作公众号求关注主体效果

下面详细介绍制作公众号求关注主体效果的方法。

步骤 01　选择"文件"|"打开"命令，打开"公众号二维码.psd"素材图像，运用移动工具将素材图像拖曳至背景图像编辑窗口中的适当位置并调整其大小，如图 4-42 所示。

步骤 02　选取工具箱中的横排文字工具，在图像编辑窗口中输入文字，在"字符"面板中设置"字体系列"为"方正兰亭超细"、"字体大小"为 8 点、"颜色"为黑色 (RGB 参数值均为 0)、"字体行距"为 10 点，输入相应的文字，效果如图 4-43 所示。

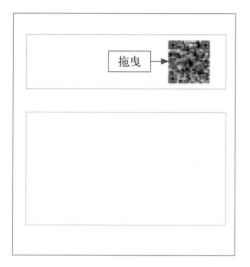

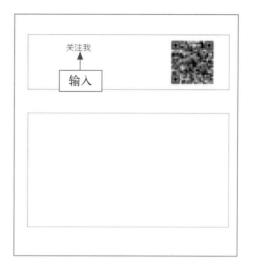

图 4-42　拖曳图像　　　　　　　图 4-43　输入文字

💬 专家指点

文字是多数设计作品尤其是广告作品中不可或缺的重要元素，有时甚至在作品中起着主导作用，Photoshop 除了提供丰富的文字属性设计及版式编排功能外，还允许对文字的形状进行编辑，以便制作出更多、更丰富的文字效果。

步骤 03　用与以上同样的方法，输入其他文字的效果，如图 4-44 所示。

步骤 04　选取工具箱中的矩形工具，设置"填充"为灰色 (RGB 参数值为 167：163：163)、"描边"为无，在图像编辑窗口中绘制一个大小合适的矩形图像，效果如图 4-45 所示。

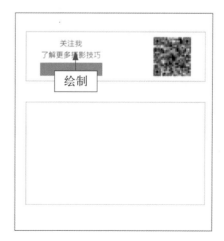

图 4-44　输入文字　　　　　　　图 4-45　绘制矩形框

步骤 05 选取工具箱中的横排文字工具，在"字符"面板中设置"字体系列"为"方正细黑—简体"、"字体大小"为 8 点、"颜色"为黑色 (RGB 参数值均为 0)，在图像编辑窗口中输入相应的文字，效果如图 4-46 所示。

图 4-46 输入文字

步骤 06 按 Ctrl+O 组合键，打开"箭头 .psd"素材图像，运用移动工具将素材图像拖曳至背景图像编辑窗口中，适当地调整图像的位置和大小，效果如图 4-47 所示。

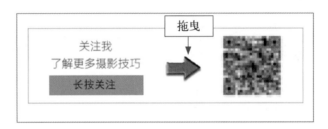

图 4-47 添加素材图像

为作品添加文字对于任何一种软件都是必备的，对于 Photoshop 来说也不例外，用户可以在 Photoshop 中为作品添加水平、垂直排列的各种文字，还能够通过特别的工具创建文字的选择区域。

4.3.3 制作自媒体求关注主体效果

下面详细介绍制作自媒体名人求关注界面主体效果的方法。

步骤 01 按 Ctrl+O 组合键，打开"人物照片.jpg"素材图像，运用移动工具将素材图像拖曳至背景图像编辑窗口中，适当地调整图像的位置和大小，效果如图 4-48 所示。

步骤 02 按 Ctrl+O 组合键，打开"名人二维码.png"素材图像，运用移动工具将素材图像拖曳至背景图像编辑窗口中，适当地调整图像的位置，效果如图 4-49 所示。

步骤 03 选取工具箱中的矩形工具，设置"填充"为灰色 (RGB 参数值均为 207)、"描边"为无，在图像编辑窗口中绘制一个大小合适的矩形图像，如图 4-50 所示。

步骤 04 复制多个矩形图像，适当地调整其位置，效果如图 4-51 所示。

图 4-48　拖曳图片

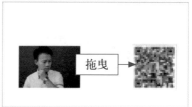

图 4-49　调整图像位置

图 4-50　绘制矩形框

图 4-51　复制矩形图层

专家指点

在运用矩形工具绘制图形时，按住 Shift 键的同时，在窗口中单击鼠标左键并拖曳，可以绘制一个正方形；如果按住 Alt 键的同时，在窗口中单击鼠标左键并拖曳，可以绘制以起点为中心的矩形；如果按住 Shift+Alt 组合键的同时，在窗口中单击鼠标左键并拖曳，可以绘制以起点为中心的正方形。

步骤 05　选取工具箱中的横排文字工具，在"字符"面板中设置"字体系列"为"方正细黑一简体"、"字体大小"为 5.5 点、"行距"为 12 点、"颜色"为黑色 (RGB 参数值均为 0)，在图像编辑窗口中输入相应文字，效果如图 4-52 所示。

步骤 06　按 Ctrl+O 组合键，打开"求关注按钮.psd"素材图像，运用移动工具将素材图像拖曳至背景图像编辑窗口中的合适位置，效果如图 4-53 所示。

图 4-52　输入文字

图 4-53　添加素材

第 **5** 章

小程序：
界面广告以及宣传页设计

知识导读

　　微信小程序，是一种不需要下载安装即可使用的应用，它实现了应用"触手可及"的梦想，用户扫一扫或者搜一下即可打开应用。它的出现将会让应用无处不在，随时可用，但又无需安装卸载。微信小程序将成为一个新的热潮。

本章重点导航

◎ "柴柴的零食旗舰店"小程序
　　设计
◎ "去旅行"小程序设计

5.1 "柴柴的零食旗舰店"小程序设计

在制作食品小程序界面时，运用橙黄色作为背景色，各活动区域的背景色则可采用各种鲜亮的颜色，以突出活动的主题以及食品的诱人特征。

本实例最终效果如图 5-1 所示。

图 5-1　实例效果

扫一扫观看在线视频：

柴柴的零食旗舰店小程序设计

专家指点

对于用户而言，一款应用程序的价值在很大程度上取决于功能的实用性。因此，功能越实用的小程序，越能赢得用户的青睐。虽然在运营者选择领域之后，小程序的功能基本上已经确定了，但是，如果用户是初次使用小程序，那么，他对于小程序实用性的感知基本上来自小程序的 UI 界面设计。

所以，运营者在设计小程序界面时，应尽可能地体现其功能的实用性。这一点对于工具类小程序来说尤其重要。当然，大部分工具类小程序也应特别注意这个问题。

5.1.1　制作店招与搜索框效果

下面详细介绍制作小程序店招与搜索框效果的方法。

步骤 01 选择"文件"|"新建"命令，弹出"新建文档"对话框，设置"名称"为"柴柴的零食店小程序设计"、"宽度"为 1080 像素、"高度"为 1920 像素、"分辨率"为 300 像素 / 英寸、"颜色模式"为"RGB 颜色"、"背景内容"为"白色"，如图 5-2 所示，单击"创建"按钮，新建一个空白图像。

步骤 02 按 Ctrl+O 组合键，打开"背景 1.jpg"素材图像，运用移动工具将素材图像拖曳至背景图像编辑窗口中，适当地调整图像的位置和大小，效果如图 5-3 所示。

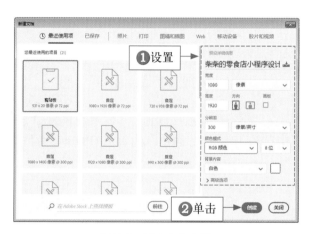

图 5-2　新建空白文档

图 5-3　添加背景素材

步骤 03 选取工具箱中的横排文字工具，在"字符"面板中，设置"字体系列"为"方正细黑—简体"、"字体大小"为 14 点、"设置所选字符的字距调整"为 –50、"颜色"为黑色 (RGB 参数值均为 0)，激活仿粗体图标，如图 5-4 所示。

步骤 04 选取工具箱中的横排文字工具，在图像编辑窗口中输入文字，如图 5-5 所示。

💬 专家指点

在食品小程序界面中，底部一般为一些常见的导航按钮，包括"首页""购物侧"和"我的"，可以帮助用户快速进入相应的界面。这些常规按钮是指可以响应用户手指点击的各种文字和图形，其作用是对用户的手指点击作出反应并触发相应的事件。

常规按钮 (Button) 的风格可以不一样，上面可以写文字，也可以标上图片，但它们最终都要用于确认、提交等功能的实现。

通常情况下，按钮要和品牌一致，拥有统一的颜色和视觉风格，在设计时可以从品牌 LOGO 中借鉴形状、材质以及风格等。

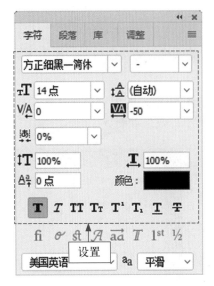

图 5-4　设置字符面板

图 5-5　输入文字

步骤 05 选取工具箱中的横排文字工具,在"字符"面板中设置"字体系列"为"华康海报体 W..."、"字体大小"为 12 点、"行距"为 12 点、"颜色"为黄色 (RGB 参数值分别为 244、197、35),如图 5-6 所示。

步骤 06 在图像编辑窗口中输入相应文字,如图 5-7 所示。

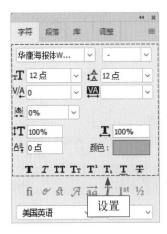

图 5-6　设置字符面板

图 5-7　输入文字

步骤 07 选取工具箱中的圆角矩形工具,在工具属性栏中设置"选择工具模式"为"形状"、"填充"为浅灰色 (RGB 参数值均为 234)、"描边"为无、"半径"为 40 像素,在图像编辑窗口中的适当位置处绘制一个圆角矩形图形,如图 5-8 所示。

步骤 08 选取工具箱中的椭圆工具,在工具属性栏中设置"填充"为无、"描边"为灰

色 (RGB 参数值均为 160)、"描边宽度"为 4 像素，在图像编辑窗口中绘制一个椭圆，如图 5-9 所示。

图 5-8　绘制圆角矩形框

图 5-9　绘制椭圆

专家指点

　　设计中的文字颜色是可以随意设置的，但不可设置单调的一个色。从读者的阅读体验出发，将设计中的文字颜色设置为最佳的颜色是非常有必要的，文字的颜色搭配适宜是让设计获得吸引力的有效方法。Photoshop 中的文字是使用 PostScript 信息从数学上定义的直线或曲线来表示的，如果没有设置消除锯齿，文字的边缘便会产生硬边和锯齿。

　　所以在输入文字时，可以先在工具属性栏或"字符"面板中设置消除锯齿的方式，如锐利、犀利、浑厚、平滑等。

步骤 09 选取工具箱中的直线工具，在工具属性栏中设置"填充"为灰色 (RGB 参数值均为 160)、"粗细"为 2 像素，在图像编辑窗口中绘制一条直线，如图 5-10 所示。

步骤 10 选取工具箱中的横排文字工具，在"字符"面板中设置"字体系列"为"方正细黑—简体"、"字体大小"为 10 点、"设置所选字符的字距调整"为 –25、"颜色"为灰色 (RGB 参数值均为 160)，激活仿粗体图标，效果如图 5-11 所示。

图 5-10　绘制直线

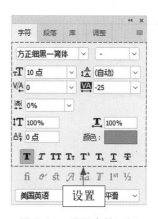

图 5-11　设置字符面板

步骤 11 在图像编辑窗口中的适当位置输入相应的文字，效果如图 5-12 所示。

步骤 12 按 Ctrl+O 组合键，打开"文字 1.psd"素材图像，运用移动工具将素材图像拖曳至背景图像编辑窗口中，适当地调整图像的位置，效果如图 5-13 所示。

图 5-12 输入文字

图 5-13 添加文字素材

5.1.2 制作商品活动区效果

下面详细介绍制作商品活动区效果的方法。

步骤 01 按 Ctrl+O 组合键，打开"甜甜圈.jpg"素材图像，运用移动工具将素材图像拖曳至背景图像编辑窗口中，适当地调整图像的位置，将图层放置最底层，效果如图 5-14 所示。

步骤 02 选取工具箱中的横排文字工具，在"字符"面板中，设置"字体系列"为"方正粗圆简体"、"字体大小"为 21 点、"设置所选字符的字距调整"为 50、"颜色"为白色 (RGB 参数值均为 0)，效果如图 5-15 所示。

图 5-14 绘制矩形选区

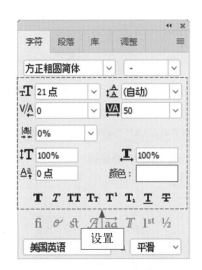

图 5-15 设置字符面板

　　小程序是一种不需要下载安装即可使用的应用，作为一个应用，它会有自己的功能与业务，所以在设计时要注意，所有的内容，都需要围绕着主营业务，这样可以让用户很快地明白小程序的营销内容，并判断出是否有自己需求的东西。

　　步骤 03 在图像编辑窗口中的适当位置输入相应的文字，效果如图 5-16 所示。

　　步骤 04 按 Ctrl+O 组合键，打开"文字 2.psd"素材图像，运用移动工具将素材图像拖曳至背景图像编辑窗口中，适当地调整图像的位置，效果如图 5-17 所示。

图 5-16　输入文字

图 5-17　添加文字素材

　　步骤 05 单击"图层"面板底部的"创建新图层"按钮，新建图层，选取工具箱中的矩形选框工具，在图像编辑窗口中绘制一个矩形选区，如图 5-18 所示。

　　步骤 06 设置前景色为黄色 (RGB 参数值分别为 244、197、35)，按 Alt+Delete 组合键为选区填充前景色，按 Ctrl+D 组合键，取消选区，效果如图 5-19 所示。

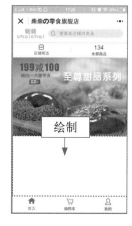

图 5-18　绘制矩形选区

图 5-19　填充背景

在 Photoshop 中，新建图层的方式有很多，以下列举了两种常用的方法。

- 快捷键：按 Shift+Ctrl+N 组合键，弹出"新建图层"对话框，单击"确定"按钮，即可新建图层。
- 命令：选择"图层"|"新建"|"图层"命令，弹出"新建图层"对话框，单击"确定"按钮，即可新建图层。

步骤 07 选取工具箱中的矩形工具，设置"填充"为红色 (RGB 参数值分别为 222、32、58)、"描边"为无、"半径"为 10 像素，在图像编辑窗口中绘制一个大小合适的矩形图像，效果如图 5-20 所示。

步骤 08 选取工具箱中的横排文字工具，在"字符"面板中，设置"字体系列"为"方正粗圆简体"、"字体大小"为 11.5 点、"设置所选字符的字距调整"为 50、"颜色"为白色 (RGB 参数值均为 0)，在图像编辑窗口中输入文字并调整文字的位置，效果如图 5-21 所示。

图 5-20 绘制矩形框

图 5-21 输入文字

与创建矩形选框有关的技巧如下。

- 按 Shift+M 组合键，可快速选择矩形选框工具。
- 按 Shift 键，可创建正方形选区。
- 按 Alt 键，可创建以起点为中心的矩形选区。
- 按 Alt+Shift 组合键，可创建以起点为中心的正方形选区。
- 按 Shift+A 组合键，可快速沿画布边缘创建选区。

5.1.3 制作详情页推荐效果

下面详细介绍详情页推荐的方法。

步骤 01 按 Ctrl+O 组合键，打开"文字 2.psd"素材图像，运用移动工具将素材图像拖曳至背景图像编辑窗口中，适当地调整图像的位置，效果如图 5-22 所示。

步骤 02 按 Ctrl+O 组合键，打开"坚果.jpg"素材图像，运用移动工具将素材图像拖曳至背景图像编辑窗口中，适当地调整图像的位置和大小，效果如图 5-23 所示。

图 5-22 添加文字素材

图 5-23 添加坚果素材

步骤 03 选取工具箱中的横排文字工具，在"字符"面板中，设置"字体系列"为"华文细黑"、"字体大小"为 12 点、"行距"为 11 点、"颜色"为黑色 (RGB 参数值均为 0)，激活仿粗体图标，效果如图 5-24 所示。

步骤 04 在图像编辑窗口中的适当位置输入文字，效果如图 5-25 所示。

图 5-24 设置字符面板

图 5-25 输入文字

步骤 05 选取工具箱中的横排文字工具，在"字符"面板中，设置"字体系列"为"黑体"、"字体大小"为7点、"行距"为11点、"设置所选字符的字距调整"为−5、"颜色"为黑色(RGB参数值均为0)，效果如图5-26所示。

步骤 06 在图像编辑窗口中的适当位置输入文字，效果如图5-27所示。

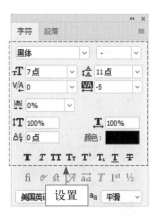

图 5-26 设置字符面板

图 5-27 输入文字

步骤 07 按 Ctrl+O 组合键，打开"形状.psd"素材图像，运用移动工具将素材图像拖曳至背景图像编辑窗口中，适当地调整图像的位置，效果如图5-28所示。

步骤 08 选取工具箱中的横排文字工具，在"字符"面板中设置"字体系列"为"黑体"、"字体大小"为7点、"行距"为11点、"设置所选字符的字距调整"为−5、"颜色"为黑色(RGB参数值均为0)，效果如图5-29所示。

图 5-28 添加形状素材

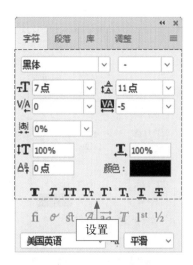

图 5-29 设置字符面板

💬 **专家指点**

　　把小程序界面的配色设计好，让界面更好看一点、更漂亮一点，这样就会在视觉上吸引用户，给小程序带来更多的流量。小程序的配色首先要精简，然后尽可能地反映品牌特性。对于进入小程序的用户来说，他们首先会被界面中的图片色彩所吸引，然后根据色彩的走向对画面的主次逐一地进行了解。

　　另外，为了让用户快速获知页面中的信息，在设计小程序界面时可以使用空间和组块有意识地突出重点内容，让界面看上去更加干净、整洁。

　　步骤 09 在图像编辑窗口中的适当位置输入相应文字，效果如图 5-30 所示。

　　步骤 10 按 Ctrl+O 组合键，打开"价格.psd"素材图像，运用移动工具将素材图像拖曳至背景图像编辑窗口中，适当地调整图像的位置，效果如图 5-31 所示。

图 5-30　输入文字

图 5-31　添加价格素材

　　步骤 11 按 Ctrl+O 组合键，打开"新品标签.psd"素材图像，运用移动工具将素材图像拖曳至背景图像编辑窗口中，适当地调整图像的位置，效果如图 5-32 所示。

　　步骤 12 按 Ctrl+O 组合键，打开"抢购按钮.psd"素材图像，运用移动工具将素材图像拖曳至背景图像编辑窗口中，适当地调整图像的位置，效果如图 5-33 所示。

💬 **专家指点**

　　小程序是一种不需要下载安装即可使用的应用，作为一个应用，它会有自己的功能与业务，所以在设计时要注意，所有的内容都需要围绕着主营业务来转，这样可以让用户很快地明白小程序的营销内容，并判断出是否有自己需要的东西。为了更全面地展示商品的信息，小程序中的商品都应有单独的详情页，用户只需单击自己中意的商品，即可进入详情页面，查看更多关于此商品的信息。

图 5-32　添加标签素材

图 5-33　添加按钮素材

步骤 13　按 Ctrl+O 组合键，打开"功能按钮 .psd"素材图像，效果如图 5-34 所示。

步骤 14　运用移动工具将素材图像拖曳至背景图像编辑窗口中，适当地调整图像的位置，效果如图 5-35 所示。

图 5-34　打开功能按钮素材

图 5-35　拖曳标签素材

专家指点

在 Photoshop 中打开素材的方式有很多，以下列举了两种常用的方法。

● 快捷键：按 Ctrl+O 组合键，弹出"文件夹"对话框，找到素材，单击"确定"按钮，即可打开素材。

● 命令：选择"文件"|"打开"命令，弹出"文件夹"对话框，找到素材，单击"确定"按钮，即可打开素材。

5.2 "去旅行"小程序设计

在制作旅游小程序界面时，采用白色作为背景色，标题栏采用明亮的蓝色，对比非常清晰，再添加色彩丰富的菜单图标，可使画面整体更加和谐。

本实例最终效果如图 5-36 所示。

图 5-36　实例效果

扫一扫观看在线视频：

去旅行小程序设计

5.2.1 制作横幅广告背景效果

下面详细介绍旅行小程序横幅广告背景效果的设计方法。

步骤 01 按 Ctrl+O 组合键，打开"背景 2.jpg"素材图像，如图 5-37 所示。

步骤 02 选取工具箱中的横排文字工具，选择"窗口"|"字符"命令，打开"字符"面板，设置"字体系列"为"方正准圆简体"、"字体大小"为 12 点、"颜色"为黑色 (RGB 参数值均为 0)，输入相应的文字，如图 5-38 所示。

步骤 03 按 Ctrl+O 组合键，打开"风光图片 .jpg"素材图像，如图 5-39 所示。

步骤 04 选择"图像"|"调整"|"自然饱和度"命令，弹出"自然饱和度"对话框，设置"自然饱和度"为 68，如图 5-40 所示，单击"确定"按钮。

图 5-37　打开背景素材

图 5-38　输入文字

图 5-39　打开素材图像

图 5-40　设置"自然饱和度"参数

5.2.2　制作横幅广告文字效果

下面详细介绍旅行小程序横幅广告文字效果的设计方法。

步骤 01 选择"图像"|"调整"|"曲线"命令，弹出"曲线"对话框，设置"输出"为 116、"输入"为 98，在曲线上单击鼠标左键新建一个控制点，如图 5-41 所示，单击"确定"按钮。

步骤 02 选择"图像"|"调整"|"可选颜色"命令，弹出"可选颜色"对话框，设置"红色"各参数值分别为 (0、−23、+4、−10)，如图 5-42 所示，单击"确定"按钮。

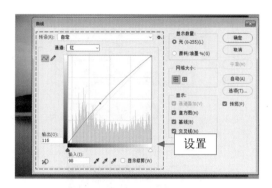

图 5-41　设置各参数

图 5-42　设置各参数

步骤 03 运用移动工具将素材图像拖曳至背景图像编辑窗口中，适当地调整图像的大小和位置，效果如图 5-43 所示。

步骤 04 选取工具箱中的横排文字工具，在"字符"面板中，设置"字体系列"为"方正粗圆简体"、"字体大小"为 27 点、"颜色"为黑 (RGB 参数值均为 0)，在图像编辑窗口中的适当位置输入文字，如图 5-44 所示。

图 5-43　拖曳图像

图 5-44　输入文字

步骤 05 选取工具箱中的横排文字工具，在"字符"面板中，设置"字体系列"为"方正细黑一简体"、"字体大小"为 18 点、"颜色"为白色 (RGB 参数值均为 255)，在图像编辑窗口中的适当位置输入文字，如图 5-45 所示。

步骤 06 适当地调整各图像的位置，效果如图 5-46 所示。

图 5-45　输入文字

图 5-46　最终效果

第6章

今日头条：
头像以及推送广告设计

知识导读

　　在移动互联网时代，人们在捕捉信息时更倾向于选择各种资讯类的新媒体平台，如今日头条、一点资讯以及百度新闻等。因此，企业和自媒体人在进行营销推广时，需要重点针对这些新媒体资讯平台进行广告设计。

本章重点导航

◎ 头条号头像设计
◎ 头条推送广告设计

头像就等于辨认一个用户的标准，有时甚至比用户名还重要，因为眼睛一般是先读图，而不是文字。所以，一个有特色、能引人关注的今日头条头像，可以给企业带来更多的关注。本实例主要介绍企业头条号的头像设计，通过将企业的品牌 LOGO 作为头像，加深品牌在粉丝心中的印象。

本实例最终效果如图 6-1 所示。

图 6-1　实例效果

扫一扫观看在线视频：

头条号头像设计

6.1.1　制作企业品牌 LOGO 主体效果

下面介绍制作头条号企业品牌 LOGO 主体效果的方法。

步骤 01 选择"文件/新建"命令，弹出"新建文档"对话框，在其中设置"名称""宽度""高度""分辨率""颜色模式""背景内容"等参数，单击"创建"按钮，新建一个空白画布，如图 6-2 所示。

<<<<<

步骤 02 选取工具箱中的椭圆工具，在工具属性栏上选择工具模式为"路径"，在图像编辑窗口的正上方绘制一个大小合适的椭圆形路径，效果如图6-3所示。

💬 专家指点

LOGO在企业中扮演着很重要的角色，它可以代表一个企业的形象，LOGO的设计很重要，要与企业处处相关联，可以设计成抽象性、具象性以及非图案字体性三种。

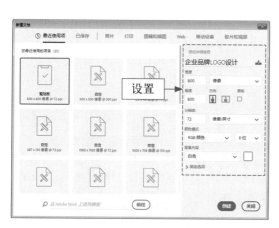

图6-2　"新建文档"对话框

图6-3　绘制椭圆路径

步骤 03 选取 ⋀（转换点工具），将鼠标指针移至椭圆路径的上方锚点，此时鼠标指针呈 ⋀ 形状，如图6-4所示。

步骤 04 单击鼠标左键，即可将平滑锚点转换为尖突锚点，效果如图6-5所示。

图6-4　鼠标指针的形状

图6-5　转换锚点1

专家指点

"转换点工具"主要用于转换路径锚点的属性。若锚点为尖突锚点，运用转换点工具在锚点上单击鼠标左键并拖曳，即可将该锚点转换为平滑锚点；若锚点为平滑锚点，则在该锚点上单击鼠标左键，即可将平滑锚点转换为尖突锚点。

步骤 05 参考步骤 (3) ~ 步骤 (5) 的操作方法，将椭圆路径正下方的平滑锚点转换为尖突锚点，效果如图 6-6 所示。

步骤 06 按 Ctrl+Enter 组合键，将路径转换为选区，如图 6-7 所示。

图 6-6　转换锚点 2　　　　　　　　　　　　图 6-7　将路径转换为选区

步骤 07 新建"图层 1"图层，使用渐变工具为选区填充 RGB 参数值分别为 (37、253、195)(255、255、255) 的两色线性渐变，如图 6-8 所示。

步骤 08 按 Ctrl+D 组合键，取消选区，效果如图 6-9 所示。

图 6-8　填充线性渐变　　　　　　　　　　图 6-9　取消选区

步骤 09 双击"图层 1"图层，弹出"图层样式"对话框，选中"投影"复选框，各选项参数设置如图 6-10 所示。

步骤 10 选中"外发光"复选框，设置"发光颜色"的 RGB 参数值分别为 255、255、190，各选项设置如图 6-11 所示。

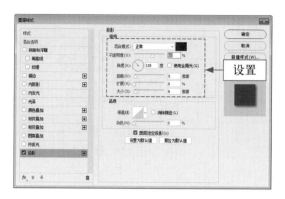

图 6-10　设置"投影"参数

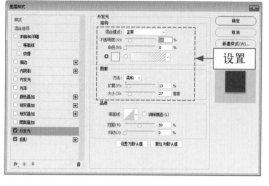

图 6-11　设置"外发光"参数

步骤 11 选中"光泽"复选框，设置"效果颜色"的 RGB 参数值为 253、255、239，各选项参数设置如图 6-12 所示。

步骤 12 设置完毕后单击"确定"按钮，即可为图像添加相应的图层样式，效果如图 6-13所示。

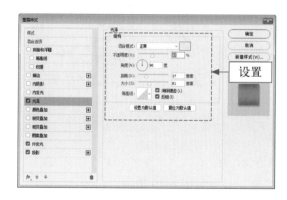

图 6-12　设置"光泽"参数

图 6-13　添加图层样式

步骤 13 按 Ctrl+O 组合键，打开"高光.psd"素材图像，运用移动工具将其拖曳至当前图像编辑窗口中，适当地调整图像的大小和位置，效果如图 6-14 所示。

步骤 14 设置"图层 2"图层的混合模式为"叠加"，改变图像效果，如图 6-15 所示。

步骤 15 复制"图层 1"图层和"图层 2"图层，将复制的图层进行合并，重新命名为"花瓣 1"，如图 6-16 所示。

步骤 16 复制"花瓣 1"图层，得到"花瓣 1 拷贝"图层，按 Ctrl+T 组合键，调出变换控制框，效果如图 6-17 所示。

拖曳

设置

图 6-14　添加高光素材

图 6-15　设置图层混合模式

合并

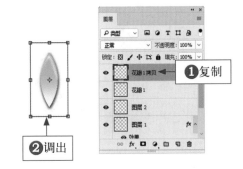

❶复制

❷调出

图 6-16　合并图层

图 6-17　调出变换控制框

步骤 17　调整中心控制点的位置，如图 6-18 所示。

步骤 18　在工具属性栏上设置"旋转"为 45 度，效果如图 6-19 所示。

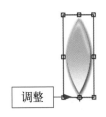

调整

图 6-18　调整中心控制点

图 6-19　设置角度

步骤 19　图像随之进行相应角度的旋转，按 Enter 键，即可确认图像的旋转，如图 6-20 所示。

步骤 20　按住 Ctrl 键的同时，单击"花瓣 2 拷贝"图层的缩览图，将其载入选区，如

图 6-21 所示。

旋转

图 6-20　旋转图像

载入

图 6-21　载入选区

步骤 21 使用渐变工具为选区填充 RGB 参数值分别为 (255、0、0)(255、255、255) 的两色线性渐变，如图 6-22 所示。

步骤 22 按 Ctrl+D 组合键，取消选区，效果如图 6-23 所示。

填充

图 6-22　填充渐变

图 6-23　取消选区

💬 专家指点

　　Photoshop 的渐变工具在色彩视觉方面有一个很大的作用，可以通过很多种颜色渐变叠加，渐变类型包括"线性渐变""径向渐变""角度渐变""对称渐变""菱形渐变"，一般常用到的是"线性渐变"和"径向渐变"。

　　在处理图像色彩时，面对一个单独的区域，颜色比较单调的时候，用户可以使用渐变工具对图像进行渐变填充，以获得更加丰富多彩的效果。

步骤 23 按 Ctrl+O 组合键，打开"花瓣.psd"素材图像，运用移动工具将其拖曳至当前图像编辑窗口中，适当地调整图像的位置，效果如图 6-24 所示。

步骤 24 按住 Shift 键，选中所有的图层，单击最下方"新建组"按钮，创建"组1"图层组，如图 6-25 所示。

拖曳

图 6-24　添加花瓣素材

图 6-25　创建组

6.1.2　制作企业品牌 LOGO 字符效果

下面介绍制作头条号企业品牌 LOGO 字符效果的方法。

步骤 01 使用横排文字工具在图像编辑窗口中输入符号，在"字符"面板中设置"字体系列"为"Adobe 黑体 Std"、"字体大小"为 52 点、颜色的 RGB 参数值分别为 (5、144、0)，并激活仿粗体图标，如图 6-26 所示。

步骤 02 执行"图层"|"栅格化"|"文字"命令，将文字栅格化，并锁定 @ 图层的透明像素，如图 6-27 所示。

专家指点

　　输入 @ 字符主要有两种方法，一种是按 Shift+2 组合键，另一种是通过软键盘的"特殊符号"选项插入该字符。

步骤 03 使用渐变工具为图像填充 RGB 参数值分别为 (0、3、144) (255、0、198) 的径向渐变色，效果如图 6-28 所示。

<<<<<

步骤 04 双击@图层,弹出"图层样式"对话框,选中"投影"复选框,各选项设置如图6-29
所示。

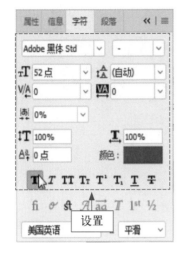

图 6-26 设置字符面板

图 6-27 锁定 @ 图层的透明像素

图 6-28 填充渐变色

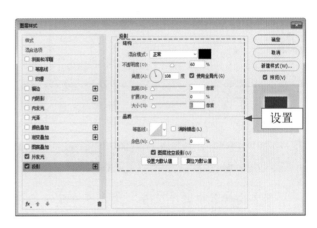

图 6-29 设置"投影"参数

步骤 05 选中"外发光"复选框,设置发光颜色的RGB参数值分别为255、144、0,
各参数设置如图6-30所示。

步骤 06 选中"光泽"复选框,设置效果颜色的RGB参数值分别为246、242、222,
各参数设置如图6-31所示。

步骤 07 选中"颜色叠加"复选框,设置叠加颜色的RGB参数值分别为255、255、
255,各参数设置如图6-32所示。

步骤 08 设置完毕后单击"确定"按钮,即可为字符添加图层样式,效果如图6-33所示。

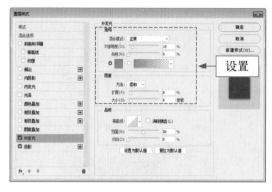

图 6-30 设置"外发光"参数

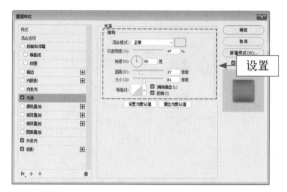

图 6-31 设置"光泽"参数

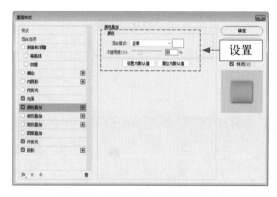

图 6-32 设置"颜色叠加"参数

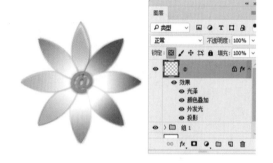

图 6-33 应用图层样式

专家指点

　　渐变编辑器中的"位置"文本框中显示标记点在渐变效果预览条的位置，用户可以输入数字来改变颜色标记点的位置，也可以直接拖曳渐变颜色带下端的颜色标记点。单击 Delete 键可将此颜色标记点删除。

　　在"预设"选项区中，前两个渐变色块是系统根据前景色和背景色自动设置的，若用户对当前的渐变色不满意，也可以在该对话框中，通过渐变滑块对渐变色进行调整。

6.1.3　制作企业品牌 LOGO 文字效果

　　下面介绍制作头条号企业品牌 LOGO 文字效果的方法。

　　步骤 01 选取横排文字工具，在图像编辑窗口的下方单击鼠标左键并拖曳，即可显示一个虚线框，至合适位置后释放鼠标左键，即可得到一个文本框，并且有一个闪烁的光标，效果如图 6-34 所示。

<<<<<

步骤 02 选取工具箱中的横排文字工具，在"字符"面板中设置"字体系列"为"方正综艺简体"、"字体大小"为 50 点、"颜色"为黑色 (RGB 参数值均为 0)，效果如图 6-35 所示。

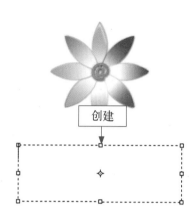

图 6-34 创建文本框

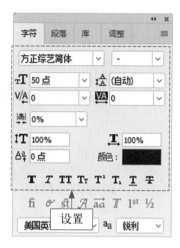

图 6-35 设置字符面板

步骤 03 在图像编辑窗口中输入相应的文字，按 Enter 键，文字光标切换至另一行，效果如图 6-36 所示。

步骤 04 根据需要输入中文字的字母拼写，效果如图 6-37 所示。

图 6-36 换行

图 6-37 输入字母

💬 **专家指点**

　　文本框通常运用于输入文字较多的情况下，当一行中所输入的文字超过文本框的宽度时，将自动转换至下一行。在文本框中输入文字后，可以根据需要对文本框的高度或宽度进行调整，以显示未显示的文字。

步骤 05 使用横排文字工具选择文本框中的字母拼写，展开"字符"面板，设置"字体系列"为"方正综艺简体"、"字体大小"为38点、"颜色"为黑色(RGB参数值分别为0、0、0)，效果如图6-38所示。

步骤 06 展开"字符"面板，激活仿粗体图标**T**，如图6-39所示。

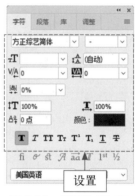

图 6-38　设置字母属性效果　　　　　　　　图 6-39　激活仿粗图标

步骤 07 展开"字符"面板，选中中文文字，设置"颜色"为黄色(RGB参数值分别为224、171、69)，调整中文文字的颜色，效果如图6-40所示。

步骤 08 展开"字符"面板，选中拼音文字，设置"颜色"为黄色(RGB参数值分别为224、171、69)，调整拼音颜色，效果如图6-41所示。

图 6-40　调整中文文字颜色的效果　　　　　图 6-41　调整字母拼写颜色效果

步骤 09 设置完毕后，按Ctrl+Enter组合键确认，在"字符"面板中设置"行距"为60点，效果如图6-42所示。

步骤 10 打开"段落"面板，单击"居中对齐文本"按钮 ，再适当地调整文字的位置，本实例制作完毕，效果如图6-43所示。

<<<<<

图 6-42　设置行距效果　　　　　　　　　　图 6-43　最终效果

6.2　头条推送广告设计

　　在制作推送广告时，先打开并拖曳素材图像，调整图像的亮度，输入相应的商品信息，最后再将图像拖曳至今日头条界面中，即可完成设计。

　　本实例最终效果如图 6-44 所示。

图 6-44　实例效果

扫一扫观看在线视频：

　　推送广告设计

6.2.1 制作推送广告背景效果

下面详细介绍制作推送广告主体效果的方法。

步骤 01 选择"文件"|"新建"命令,弹出"新建文档"对话框,设置"名称"为"推送广告设计"、"宽度"为4630像素、"高度"为2088像素、"分辨率"为72像素/英寸、"颜色模式"为"RGB颜色"、"背景内容"为"白色",如图6-45所示,单击"创建"按钮,新建一个空白图像。

步骤 02 展开"图层"面板,新建"图层1"图层,如图6-46所示。

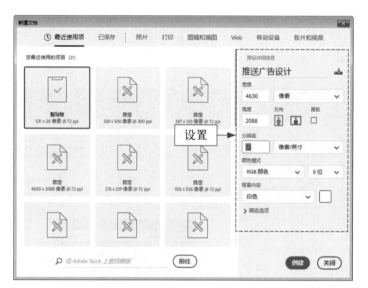

图 6-45 设置各项参数　　　　　　　　图 6-46 新建图层

步骤 03 选择"图层1"图层,设置前景色为黄色(RGB参数值分别为255、246、0),按 Alt+Delete 组合键填充前景色,效果如图6-47所示。

步骤 04 选取工具箱中的钢笔工具,新建"图层2"图层,在图像编辑窗口的左侧绘制一个大小合适的弯曲路径,效果如图6-48所示。

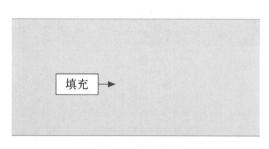

图 6-47 填充背景

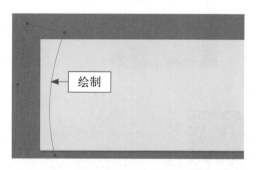

图 6-48 绘制路径

<<<<<

步骤 05 绘制完毕后，按 Ctrl+Enter 组合键将路径转换为选区，效果如图 6-49 所示。

步骤 06 设置前景色为黑色 (RGB 参数值分别为 0、0、0)，按 Alt+Delete 组合键为选区填充前景色，按 Ctrl+D 组合键取消选区，效果如图 6-50 所示。

图 6-49 转换选区

图 6-50 填充选区

6.2.2 制作推送广告文字效果

下面详细介绍制作推送广告文字效果的方法。

步骤 01 按 Ctrl+O 组合键，打开"人物.jpg"素材图像，运用移动工具将素材图像拖曳至背景图像编辑窗口中，适当地调整图像的位置，效果如图 6-51 所示。

步骤 02 按 Ctrl+L 组合键，展开色阶对话框，输入色阶的参数分别为 (15、1.26、230)，单击"确定"按钮，效果如图 6-52 所示。

图 6-51 添加人物素材

图 6-52 调整人物素材亮度

步骤 03 按 Ctrl+J 组合键复制人物图层，如图 6-53 所示。

步骤 04 按 Ctrl+T 组合键调出变换控制框，将复制图层水平翻转，适当地调整图像的位置，效果如图 6-54 所示。

步骤 05 选取工具箱中的矩形工具，设置"填充"为无、"描边"为 30 像素、描边颜色为白色，在图像编辑窗口中绘制一个大小合适的矩形图像，效果如图 6-55 所示。

步骤 06 选中"矩形 1"形状图层，单击鼠标右键，在弹出的快捷菜单中选择"栅格化图层"选项，将其栅格化，然后使用橡皮擦工具擦除多余像素，效果如图 6-56 所示。

步骤 07 选取工具箱中的横排文字工具，在"字符"面板中设置"字体系列"为"微软雅黑"、"字体大小"为 337 点、"颜色"为黑色 (RGB 参数值分别为 0、0、0)，激活仿粗体图标，如图 6-57 所示。

步骤 08 在图像编辑窗口中输入相应的文字，如图 6-58 所示。

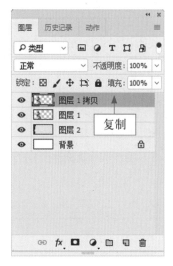

图 6-53　复制素材图像

图 6-54　调整素材图像

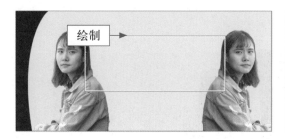

图 6-55　绘制矩形框

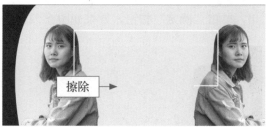

图 6-56　擦除多余像素

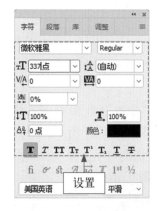

图 6-57　设置字符面板

图 6-58　输入文字

步骤 09 双击文字图层，弹出"图层样式"对话框，选中"投影"复选框，设置"混合模式"为"正片叠底"、"不透明度"为47%、"角度"为87度、"距离"为28像素、"扩展"为14%、"大小"为43像素，效果如图6-59所示。

步骤 10 单击"确定"按钮，添加"投影"效果，如图6-60所示。

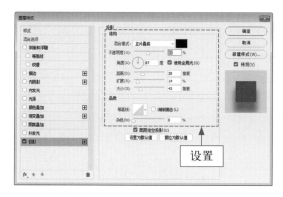

图6-59 设置"投影"参数

图6-60 "投影"效果

步骤 11 选取工具箱中的横排文字工具，在"字符"面板中设置"字体系列"为"微软雅黑"、"字体大小"为337点、"颜色"为黑色(RGB参数值均为0)，激活仿粗体图标，如图6-61所示。

步骤 12 在图像编辑窗口中输入相应的文字，如图6-62所示。

图6-61 设置字符面板

图6-62 输入文字

第 7 章

一点资讯：
横幅广告与活动设计

知识导读

　　一点资讯自媒体平台又称为一点号，是由一点资讯推出的一个内容发布平台，丰富的内容再加上独特的"兴趣引擎"，一点资讯通过移动互联网技术极大地提高了用户体验，这对于互联网创业者来说，也为他们带来了更多用户群体，可以帮助优秀的自媒体人更快地找到与自己匹配的粉丝。

本章重点导航

◎ 主页横幅广告设计
◎ 元旦活动广告设计

7.1 主页横幅广告设计

在制作一点资讯平台中的主页横幅广告时，先调整背景图像的颜色并适当模糊，再输入文字，为文字添加图层样式，即可完成设计。

本实例最终效果如图 7-1 所示。

图 7-1 实例效果

扫一扫观看在线视频：

主页横幅广告设计

7.1.1 制作主页横幅广告背景效果

下面介绍制作一点资讯平台主页横幅广告背景的方法。

步骤 01 按 Ctrl+N 组合键，弹出"新建文档"对话框，设置"名称"为"主页横幅广告设计"、"宽度"为 1080 像素、"高度"为 271 像素、"分辨率"为 300 像素 / 英寸、"颜色模式"为"RGB 颜色"、"背景内容"为"白色"，设置完成后单击"创建"按钮，如 7-2 所示，新建一个空白图像。

步骤 02 按 Ctrl+O 组合键，打开"背景 1.jpg"素材图像，如图 7-3 所示。

<<<<<

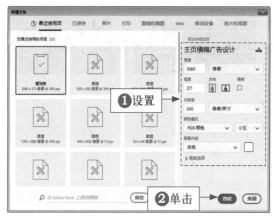

图 7-2　设置各选项

图 7-3　打开背景素材

步骤 03 选择"窗口"|"调整"命令，展开"调整"面板，在其中单击"曲线"按钮，新建"曲线 1"调整图层，如图 7-4 所示。

步骤 04 在展开的"属性"面板中，在曲线上单击鼠标左键新建一个控制点，在下方设置"输入"为 137、"输出"为 122，如图 7-5 所示。

图 7-4　新建调整图层

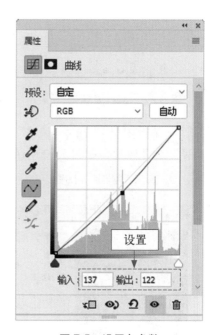

图 7-5　设置各参数

步骤 05 此时图像的亮度随之下降，效果如图 7-6 所示。

步骤 06 在"调整"面板中单击"自然饱和度"按钮，新建"自然饱和度 1"调整图层，在"属性"面板中，设置"自然饱和度"为 50、"饱和度"为 32，效果如图 7-7 所示。

图 7-6　图像效果

图 7-7　图像效果

步骤 07 按 Shift+Ctrl+Alt+E 组合键，盖印可见图层，得到"图层 1"图层，如图 7-8 所示。

步骤 08 运用移动工具将素材图像拖曳至背景图像编辑窗口中，适当地调整图像的位置，效果如图 7-9 所示。

图 7-8　得到"图层 1"图层

图 7-9　拖曳图像

步骤 09 在"图层 1"选择"滤镜"|"模糊"|"方框模糊"命令，弹出"方框模糊"对话框，设置"半径"为 8 像素，如图 7-10 所示。

步骤 10 单击"确定"按钮，即可应用"方框模糊"滤镜，效果如图 7-11 所示。

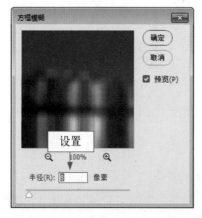

图 7-10　设置"半径"参数

图 7-11　图像效果

<<<<<

专家指点

　　"方框模糊"滤镜可以基于相邻像素的平均颜色值来模糊图像,生成类似于方块状的特殊模糊效果。"半径"值可以调整用于计算给定像素平均值的区域大小。

7.1.2　制作主页横幅广告文字效果

　　下面介绍制作一点资讯平台主页横幅广告文字效果的方法。

　　步骤 01 选取工具箱中的横排文字工具,在"字符"面板中设置"字体系列"为"方正大黑简体"、"字体大小"为 17.5 点、"颜色"为白色 (RGB 参数值均为 255),在图像编辑窗口中输入文字,如图 7-12 所示。

　　步骤 02 单击"图层"面板底部的"添加图层样式"按钮,在弹出的快捷菜单中选择"渐变叠加"选项,如图 7-13 所示。

图 7-12　输入文字

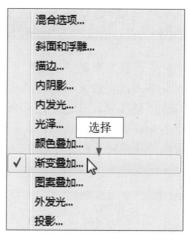

图 7-13　选择"渐变叠加"选项

　　步骤 03 打开"图层样式"对话框,单击"点按可编辑渐变"按钮,弹出"渐变编辑器"对话框,设置渐变色为红色 (RGB 参数值分别为 255、0、0) 到黄色 (RGB 参数值分别为 255、198、0) 到红色 (RGB 参数值分别为 255、0、0) 的线性渐变,如图 7-14 所示。

　　步骤 04 单击"确定"按钮,返回"图层样式"对话框,设置"不透明度"为 100%、"样式"为"线性"、"角度"为 90 度,如图 7-15 所示。

　　步骤 05 选中"投影"复选框,设置"不透明度"为 75%、"距离"为 7 像素、"大小"为 5 像素,如图 7-16 所示。

　　步骤 06 单击"确定"按钮,即可为文字添加相应图层样式,如图 7-17 所示。

图 7-14　设置色标颜色

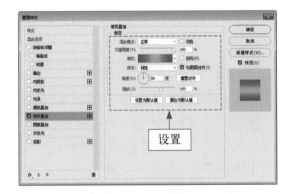

图 7-15　设置各选项

专家指点

　　渐变编辑器中的"位置"文本框中显示标记点在渐变效果预览条的位置，用户可以输入数字来改变颜色标记点的位置，也可以直接拖曳渐变颜色带下端的颜色标记点。单击 Delete 键可将此颜色标记点删除。在"预设"选项区中，前两个渐变色块是系统根据前景色和背景色自动设置的，若用户对当前的渐变色不满意，也可以在该对话框中，通过渐变滑块对渐变色进行调整。

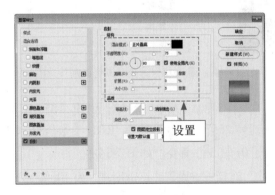

图 7-16　设置各选项

图 7-17　应用图层样式

　　步骤 07 按 Ctrl+O 组合键，打开"横幅广告文字.psd"素材图像，运用移动工具将其拖曳至当前图像编辑窗口中的适当位置，效果如图 7-18 所示。

　　步骤 08 按 Ctrl+O 组合键，打开"企业 LOGO.psd"素材图像，运用移动工具将其拖曳至当前图像编辑窗口中的适当位置，效果如图 7-19 所示。

图 7-18　添加文字素材

图 7-19　添加 LOGO 素材

7.2　元旦活动广告设计

　　节假日一直都是企业开展活动的契机，新媒体运营者也需要掌握节假日活动的策划要点，只有这样才能巧妙地借助节假日的气氛，顺势实现活动目标。本实例介绍一点资讯平台中的元旦活动广告设计方法，本实例最终效果如图 7-20 所示。

图 7-20　实例效果

扫一扫观看在线视频：

元旦活动广告设计

7.2.1　制作商场折扣活动页面主体效果

　　下面介绍制作商场折扣活动页面主体效果的方法。

步骤 01 按 Ctrl+O 组合键，打开"背景 2.jpg"素材图像，如图 7-21 所示。

步骤 02 按 Ctrl+O 组合键打开"礼物.jpg"素材图像，运用移动工具将其拖曳至背景图像编辑窗口中，如图 7-22 所示。

图 7-21　打开素材图像

图 7-22　添加素材

步骤 03 选取工具箱中的魔棒工具，设置"容差"为 20，在礼品图像的白色区域创建选区，如图 7-23 所示。

步骤 04 按 Delete 键删除选区内的图像，效果如图 7-24 所示。

图 7-23　创建选区

图 7-24　删除选区内的图形

步骤 05 按 Ctrl+D 组合键取消选区，按 Ctrl+T 组合键调出变换控制框，适当地调整礼品图像的大小和位置，效果如图 7-25 所示。

步骤 06 双击"图层 1"图层，弹出"图层样式"对话框，选中"外发光"复选框，设置发光颜色为黄色 (RGB 参数值分别为 255、245、212)，其他参数设置如图 7-26 所示。

图 7-25　调整商品图像

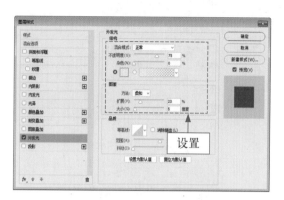

图 7-26　设置"外发光"参数

步骤 07 单击"确定"按钮，添加"外发光"图层样式，效果如图 7-27 所示。

步骤 08 打开"黄色波浪.psd"素材图像，运用移动工具将其拖曳至背景图像编辑窗口中，选中"图层 2"图层，在图层面板中拖曳至背景图层的上面一层，如图 7-28 所示。

图 7-27　添加"外发光"图层样式效果

图 7-28　添加黄色波浪素材

7.2.2　制作商场折扣活动页面文字效果

下面介绍制作商场折扣活动页面文字效果的方法。

步骤 01 选取工具箱中的横排文字工具，在"字符"面板中设置"字体系列"为"华康海报体 W..."、"字体大小"为 30 点、"颜色"为白色，如图 7-29 所示。

步骤 02 将鼠标移动至图像编辑窗口中单击鼠标左键，输入文字，按 Ctrl+Enter 组合键确认输入；选取工具箱中的移动工具，将文字移动至合适位置，效果如图 7-30 所示。

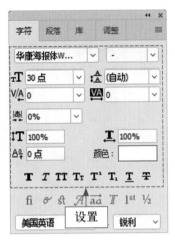

图 7-29　设置"字符"属性

图 7-30　输入文字

步骤 03 在菜单栏中选择"图层"|"图层样式"|"渐变叠加"命令，弹出"图层样式"对话框，设置"角度"为 90 度，单击"渐变"色块，即可弹出"渐变编辑器"对话框，设置渐变颜色 0% 位置为黄色 (RGB 参数值分别为 252、255、0)，75% 位置为橙色 (RGB 参数值分别为 255、138、0)，如图 7-31 所示。

步骤 04 单击"确定"按钮，即可返回"图层样式"对话框，选中"描边"复选框，设置"大小"为 4 像素、"颜色"为白色，如图 7-32 所示。

图 7-31　"渐变编辑器"对话框

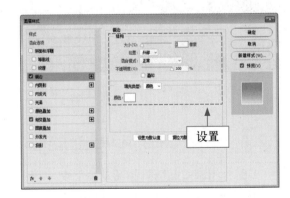

图 7-32　设置"描边"参数

步骤 05 单击"确定"按钮，即可制作"描边"效果，如图 7-33 所示。

步骤 06 选取工具箱中的横排文字工具，在"字符"面板中设置"字体系列"为"方正大黑简体"、"字体大小"为 16 点、"颜色"为白色，如图 7-34 所示。

图 7-33　"描边"效果

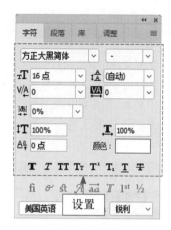

图 7-34　设置字符面板

步骤 07 在图像编辑窗口中输入相应文字，如图 7-35 所示。

步骤 08 选取工具箱中的横排文字工具输入相应文字，在"字符"面板中设置"字体系列"为"方正大黑简体"、"字体大小"为 24 点、"颜色"为白色，激活仿斜体图标，如图 7-36 所示。

图 7-35　输入文字

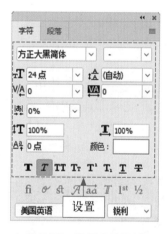

图 7-36　设置字符面板

步骤 09 在菜单栏中选择"图层"|"图层样式"|"渐变叠加"命令，弹出"图层样式"对话框，设置"角度"为 90 度，单击"渐变"色块，弹出"渐变编辑器"对话框，设置渐变颜色 0% 位置为橙色 (RGB 参数值分别为 255、110、2)、50% 位置为黄色 (RGB 参数值分别为 252、255、0)、100% 位置为橙色 (RGB 参数值分别为 255、110、2)，如图 7-37 所示。

步骤 10 单击"确定"按钮，即可返回"图层样式"对话框，选中"描边"复选框，设置"大小"为 3 像素、"颜色"为白色，如图 7-38 所示。

专家指点

图层样式是 Photoshop 的图层里的一种功能，图层样式的功能很多很强大，既能够简单快速地制作有立体感的图像，也能够制作各种有质感的图像。

通过不同的图层样式选项可以模拟出各种神奇的效果，当设置好了图层样式并且应用的时候，它会随着文件一起保存下来。

图 7-37　添加图层样式

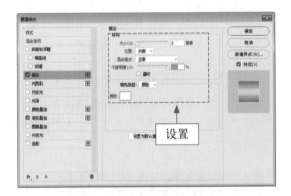

图 7-38　设置字符面板

步骤 11　单击"确定"按钮，运用"渐变叠加"和"描边"图层样式，效果如图 7-39 所示。

步骤 12　选取工具箱中的横排文字工具，在"字符"面板中设置"字体系列"为"方正综艺简体"、"字体大小"为 12 点、"颜色"为白色、"行距"为 20 点，在图像编辑窗口中输入相应文字，效果如图 7-40 所示。

图 7-39　应用图层样式

图 7-40　输入文字

第8章

百度新闻：图文推送广告及促销活动设计

知识导读

　　百度新闻是包含海量资讯的新闻服务平台，真实反映每时每刻的新闻热点。百度作为国内最大的流量入口之一，也可以说是新媒体营销发展的新风口。本章主要介绍百度新闻平台中的图文推送广告和促销活动设计方法。

本章重点导航

◎ 图文推送广告封面设计
◎ "双十一"促销活动页面设计

8.1 图文推送广告封面设计

在制作百度新闻的图文推送广告封面设计时，先调整背景图像的偏色现象，添加相应素材并模糊背景，营造出真实的拍照场景和景深效果，突出产品的特点，最后输入适当的宣传文字，即可完成图文推送广告封面的设计。

本实例最终效果如图 8-1 所示。

图 8-1　实例效果

扫一扫观看在线视频：

图文推送广告设计

8.1.1　制作广告封面背景效果

下面详细介绍制作百度新闻图文推送广告封面背景效果的方法。

步骤 01　按 Ctrl+O 组合键，打开"封面背景 1.jpg"素材图像，如图8-2 所示。

步骤 02　按Ctrl+M组合键，弹出"曲线"对话框，在曲线上单击鼠标左键新建一个控制点，在下方设置"输入"为 150、"输出"为 120，如图8-3 所示。

图 8-2　打开素材图像

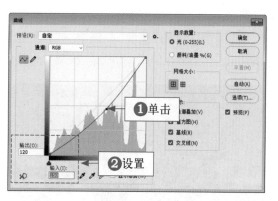

图 8-3　设置各参数

💬 **专家指点**

　　"曲线"命令是功能强大的图像校正命令，该命令可以在图像的整个色调范围内调整不同的色调，还可以对图像中的个别颜色通道进行精确的调整。在 Photoshop 中，用户使用"曲线"命令可以只针对一种色彩通道的色调进行处理，而且不影响其他区域的色调。

步骤 03 单击"确定"按钮，即可运用"曲线"调整图像亮度，效果如图 8-4 所示。

步骤 04 按 Ctrl+B 组合键，弹出"色彩平衡"对话框，设置"色阶"各参数值分别为 (20、+16、-12)，如图 8-5 所示。

图 8-4　调整图像亮度

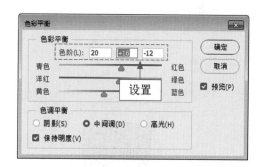

图 8-5　设置"色彩平衡"各参数

💬 **专家指点**

　　选择"图像"|"调整"|"曲线"命令，也可以快速弹出"曲线"对话框。另外，若按住 Alt 键的同时，在对话框的网格中单击鼠标，网格显示将转换为 10×10 的网格显示比例，再次按住 Alt 键的同时单击鼠标左键，即可恢复至默认的 4×4 的网格比例显示状态。

步骤 05 单击"确定"按钮，即可运用"色彩平衡"调整图像过于偏深的颜色，效果如

图8-6 所示。

步骤 06 选择"图像"|"调整"|"自然饱和度"命令,弹出"自然饱和度"对话框,设置"自然饱和度"为60,单击"确定"按钮,提高图像色彩的饱和度,效果如图8-7所示。

图8-6 图像效果

图8-7 提高图像饱和度

专家指点

"自然饱和度"命令可以调整整幅图像或单个颜色的饱和度和亮度值。

8.1.2 制作广告封面主体效果

下面详细介绍制作百度新闻图文推送广告封面主体效果的方法。

步骤 01 按 Ctrl+O 组合键,打开"手机.jpg"素材图像,如图8-8所示。

步骤 02 按 Ctrl+J 组合键,复制"背景"图层,得到"图层1"图层,并隐藏"背景"图层,如图8-9所示。

图8-8 打开素材图像

图8-9 复制图层

步骤 03 选取工具箱中的磁性套索工具,沿着手机边缘拖曳将手机选中,如图8-10所示。

步骤 04 按Ctrl+J组合键,复制选区中的图像,得到"图层2"图层,再将其他图层隐藏,如图8-11所示。

图 8-10 选中背景图像

图 8-11 隐藏图层

专家指点

在移动选区的过程中,按住Shift键的同时,可沿水平、垂直或45°角方向进行移动,若使用键盘上的4个方向键来移动选区,按一次键移动一个像素,若按Shift+方向键组合键,按一次键可以移动10个像素的位置,若按住Ctrl键的同时并拖曳选区,则可移动选区内的图像。"取消选择"命令相对应的快捷键为Ctrl+D组合键。

步骤 05 隐藏"图层1"图层,选取工具箱中的矩形选框工具,在手机内创建一个选区,按Delete键删除选区内图像,效果如图8-12所示。

步骤 06 按Ctrl+D组合键,取消选区,运用移动工具将素材图像拖曳至背景图像编辑窗口中,适当调整图像的大小和位置,效果如图8-13所示。

步骤 07 选取工具箱中的魔棒工具,选中部分图像,如图8-14所示。

步骤 08 在"图层"面板中选中"背景"图层,在选区内单击鼠标右键,在弹出的快捷菜单中选择"通过拷贝的图层"选项,如图8-15所示。

步骤 09 执行上述操作,即可复制选区内的图像,得到"图层2"图层,如图8-16所示。

步骤 10 选中"背景"图层,选择"滤镜"|"模糊"|"方框模糊"命令,弹出"方框模糊"

对话框，设置"半径"为 8 像素，单击"确定"按钮，效果如图 8-17 所示。

图 8-12　删除图像

图 8-13　拖曳图像

图 8-14　选中部分图像

图 8-15　选择"通过拷贝的图层"选项

图 8-16　得到"图层 2"图层

图 8-17　图像效果

8.1.3　制作广告封面文案效果

下面详细介绍制作百度新闻图文推送广告封面文案效果的方法。

步骤 01 选取工具箱中的横排文字工具，在"字符"面板中设置"字体系列"为"方正细圆简体"、"字体大小"为 9 点、"行距"为 20 点、"颜色"为白色 (RGB 参数值均为 255)，激活仿粗体图标，在图像编辑窗口中输入文字，如图 8-18 所示。

步骤 02 复制刚刚输入的文字，移至合适位置，如图 8-19 所示。

图 8-18　输入文字　　　　　　　　　　　　　　　图 8-19　复制文字

步骤 03 在"字符"面板中设置"字体大小"为 8 点，如图 8-20 所示。

步骤 04 运用横排文字工具修改文本内容，如图 8-21 所示。

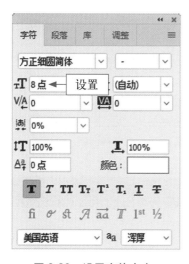

图 8-20　设置字体大小　　　　　　　　　　　　　图 8-21　修改文本内容

步骤 05 选中"MOGUOX10"文字，在"字符"面板中设置"字体系列"为"华文细黑"，按 Ctrl+Enter 组合键确认输入，如图 8-22 所示。

步骤 06 选择工具箱中的横排文字工具输入相应的文字，然后选中"系列"文字，在"字符"面板中设置"字体大小"为 6.5 点，确认输入，适当调整位置，效果如图 8-23 所示。

图 8-22　设置字体系列效果

图 8-23　调整字体大小效果

步骤 07 选取工具箱中的圆角矩形工具，在工具属性栏中设置"填充"为黄色 (RGB 参数值分别为 255、204、0)、"描边"为无、"半径"为 10 像素，在图像编辑窗口中绘制一个圆角矩形，如图 8-24 所示。

步骤 08 选中"圆角矩形 1"形状图层，单击鼠标右键，在弹出的快捷菜单中选择"混合选项"选项，弹出"图层样式"对话框，选中"斜面和浮雕"复选框，设置"深度"为 43%、"大小"为 5 像素、"角度"为 90 度，如图 8-25 所示。

图 8-24　绘制圆角矩形

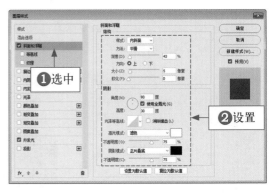

图 8-25　设置各选项

💬 **专家指点**

隐藏图层样式可以使用以下 3 种操作方法：
- 在"图层"面板中单击图层样式名称"切换所有图层效果可见性"图标，可将显示的图层样式进行隐藏。
- 在任意一个图层样式名称上单击鼠标右键，在弹出的菜单列表中选择"隐藏所有效果"选项即可隐藏当前图层样式效果。
- 在"图层"面板中单击所有图层样式上方"效果"左侧的眼睛图标，即可隐藏所有图层样式效果。

<<<<<

步骤 09 单击"确定"按钮，即可应用"斜面和浮雕"图层样式，效果如图 8-26 所示。

步骤 10 按 Ctrl+O 组合键，打开"标志 .psd"素材图像，运用移动工具将素材图像拖曳至背景图像编辑窗口中，适当调整图像的位置，效果如图 8-27 所示。

图 8-26 应用"斜面和浮雕"图层样式

图 8-27 适当调整图像的位置

专家指点

在"斜面和浮雕"图层样式选项设置中，在"光泽等高线"选项中可以选择一个等高线样式，为斜面和浮雕表面添加光泽，创建具有光泽感的金属外观浮雕效果。

8.2 "双十一"促销活动页面设计

每年的"双十一"期间，各个电商企业的设计师们可是铆足了劲儿，各种海报设计可谓琳琅满目、应接不暇。在百度新闻平台上做"双十一"促销活动，目的自然是传递商品信息，因此往往会用到文字，运用好文字就可制作出一幅成功的活动海报。本实例最终效果如图 8-28 所示。

图 8-28 实例效果

扫一扫观看在线视频：

双十一促销活动页面设计

8.2.1 制作"双十一"促销活动页面主体效果

下面介绍制作双十一促销活动页面主体效果的方法。

步骤 01 按 Ctrl+O 组合键，打开一幅素材图像，如图 8-29 所示。

步骤 02 选取工具箱中的自定形状工具，在工具属性栏中设置"填充"为橙色(RGB 参数值分别为 236、105、65)、"形状"为"会话 12"，如图 8-30 所示。

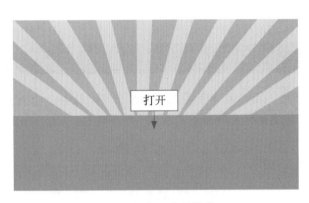

图 8-29　打开素材图像

图 8-30　选择相应形状

专家指点

路径是 Photoshop CC 中的各项强大功能之一，它是基于"贝塞尔"曲线建立的矢量图形，所有使用矢量绘图软件或矢量绘图制作的线条，原则上都可以称为路径。路径是通过钢笔工具或形状工具创建出的直线和曲线，因此，无论路径缩小或放大都不会影响其分辨率，并保持原样。

步骤 03 在图像编辑窗口中单击鼠标左键，即可弹出"创建自定形状"对话框，设置"宽度"为 298 像素、"高度"为 119 像素，如图 8-31 所示。

步骤 04 单击"确定"按钮，即可创建自定形状，效果如图 8-32 所示。

专家指点

在 Photoshop 中，使用自定形状工具 可以通过设置不同的形状来绘制形状路径或图形，在"自定形状"拾色器中有大量的特殊形状可供选择。

图 8-31　"创建自定形状"对话框

图 8-32　创建自定形状

步骤 05　在菜单栏中选择"编辑"|"变换"|"旋转180度"命令，即可翻转形状，如图8-33所示。

步骤 06　选取工具箱中的移动工具，将形状调整至合适位置，如图8-34所示。

图 8-33　翻转形状

图 8-34　调整位置

专家指点

　　Photoshop 中的形状工具包括矩形工具、圆角矩形工具、椭圆工具、多边形工具、直线工具和自定形状工具6种。在使用这些工具绘制路径时，首先需要在工具属性栏中选择一种绘图方式。例如，选取工具箱中的矩形工具，在工具属性栏中，单击"选择工具模式"按钮↕，在弹出的列表框中选择"形状"选项，在图像编辑窗口的适当位置处，单击鼠标左键并拖曳，即可创建矩形形状路径。

8.2.2　制作"双十一"促销活动页面文字效果

　　下面介绍制作"双十一"促销活动页面文字效果的方法。

步骤 01　展开"字符"面板，设置"字体系列"为"黑体"、"字体大小"为36点、"设置行距"为36点、"颜色"为白色，激活仿粗体图标，如图8-35所示。

步骤 `02` 选取工具箱中的横排文字工具，在工具属性栏中设置"设置消除锯齿的方法"为"浑厚"，并输入文字，效果如图 8-36 所示。

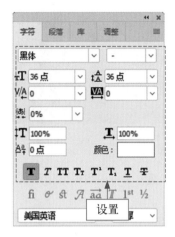

图 8-35 设置"字符"属性

图 8-36 输入文字

步骤 `03` 按 Ctrl+O 组合键，打开"文字 1.psd"素材图像，运用移动工具将素材图像拖曳至背景图像编辑窗口中的合适位置，效果如图 8-37 所示。

步骤 `04` 按 Ctrl+O 组合键，打开"文字 2.psd"素材图像，运用移动工具将素材图像拖曳至背景图像编辑窗口中的合适位置，效果如图 8-38 所示。

图 8-37 添加文字素材

图 8-38 添加文字素材

步骤 `05` 按 Ctrl+O 组合键，打开"装饰条 psd"素材图像，运用移动工具将素材图像拖曳至背景图像编辑窗口中的合适位置，效果如图 8-39 所示。

步骤 `06` 按 Ctrl+O 组合键，打开"礼物 .jpg"素材图像，效果如图 8-40 所示。

步骤 `07` 选取工具箱中的魔棒工具，选中图片白色区域，如图 8-41 所示。

步骤 `08` 按 Ctrl+Shift+I 组合键，反向选择，然后复制"背景"图层，得到"图层 1"图层，如图 8-42 所示。

图 8-39　添加装饰条素材

图 8-40　打开礼物素材图像

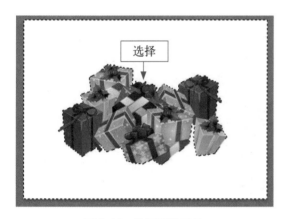

图 8-41　选择魔棒工具

图 8-42　得到"图层 1"图层

步骤 09　双击"图层 1"图层，弹出"图层样式"对话框，选中"外发光"复选框，颜色 RGB 值分别为 255、249、211，各选项设置如图 8-43 所示。

步骤 10　单击"确定"按钮，运用移动工具将素材图像拖曳至背景图像编辑窗口中的合适位置，适当调整图像的大小，效果如图 8-44 所示。

步骤 11　在"图层"面板中单击"创建新图层"按钮，得到"图层 5"图层，如图 8-45 所示。

步骤 12　选择工具箱中的画笔工具，在工具属性栏中设置"画笔大小"为 70 像素、"硬度"为 0%、"不透明度"为 41%，在礼物的下方涂抹添加黑色的阴影，效果如图 8-46 所示。

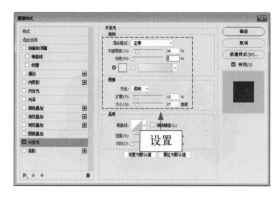

图 8-43　设置各项参数

图 8-44　调整图像

图 8-45　创建新图层

图 8-46　制作阴影效果

第 **9** 章

新浪微博：
主图广告与推送广告设计

知识导读

　　新浪微博是一个由新浪网推出的社交服务平台，为用户提供微型博客类服务，由于发布字数限制在 140 字以内，又被称为"一句话博客"。新浪微博是个大舞台，每个人都可以在上面发布自己的精彩内容。

本章重点导航

◎ 微博主图广告设计
◎ 微博推送广告设计

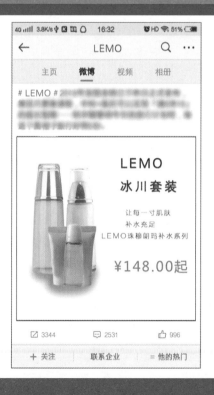

9.1 微博主图广告设计

在制作微博主图时，应先为背景填充纯色，再单独设计产品，加强产品图片的吸引力，最后设计文案效果，通过层次分明的文字突出产品的价格和特色。

本实例最终效果如图 9-1 所示。

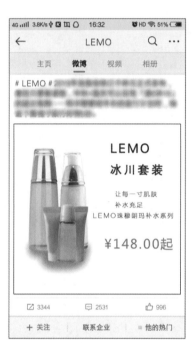

图 9-1　实例效果

扫一扫观看在线视频：

微博主图广告设计

9.1.1　制作微博主图主体效果

下面介绍制作微博主图主体效果的方法。

步骤 01　选择"文件"|"新建"命令，弹出"新建文档"对话框，设置"名称"为"微博主图设计"、"宽度"为 500 像素、"高度"为 500 像素、"分辨率"为 300 像素 / 英寸、"颜色模式"为"RGB 颜色"、"背景内容"为"白色"，如图 9-2 所示，单击"创建"按钮，新建一个空白图像。

步骤 02　展开"图层"面板，新建"图层 1"图层；设置前景色为浅灰色 (RGB 参数值均为 238)，为"图层 1"图层填充前景色，如图 9-3 所示。

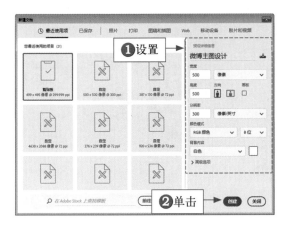

图 9-2　新建空白图像

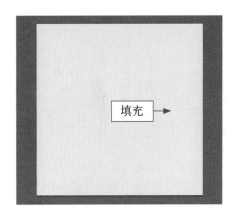

图 9-3　填充前景色

步骤 03　按 Ctrl+O 组合键，打开"化妆品 .psd"素材图像，如图 9-4 所示。

步骤 04　按 Ctrl+M 组合键，弹出"曲线"对话框，设置曲线值"输出"为 146、"输入"为 124，如图 9-5 所示。

图 9-4　打开素材图像

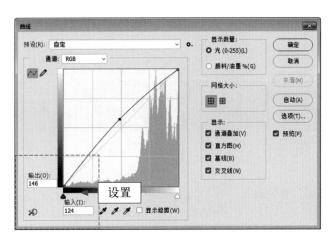

图 9-5　调整素材的亮度

步骤 05　单击"确定"按钮，调整图像的亮度，效果如图 9-6 所示。

步骤 06　选择"图像"|"调整"|"自然饱和度"命令，弹出"自然饱和度"对话框，设置"自然饱和度"为 50、"饱和度"为 11，单击"确定"按钮，效果如图 9-7 所示。

步骤 07　选择"图像"|"调整"|"亮度 / 对比度"命令，弹出"亮度 / 对比度"对话框，设置"亮度"为 6、"对比度"为 –10，如图 9-8 所示。

步骤 08　单击"确定"按钮，调整图像的亮度和对比度，效果如图 9-9 所示。

图 9-6　调整亮度的效果

图 9-7　调整自然饱和度效果

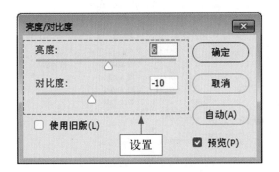

图 9-8　设置"亮度 / 对比度"参数

图 9-9　图像效果

专家指点

　　"亮度 / 对比度"命令是调整像素的暗度与明亮度，亮度就是画面中的灯光，亮度越低画面越暗，反之则越亮；对比度表示画面的明暗关系，对比度越高画面中的明暗关系越强烈。

　　步骤 09 选择"滤镜"|"渲染"|"镜头光晕"命令，弹出"镜头光晕"对话框，设置"亮度"为 61%、"镜头类型"为"50 ～ 300 毫米变焦"，如图 9-10 所示。

步骤 10 适当调整光晕位置，单击"确定"按钮，即可为图像添加"镜头光晕"滤镜效果，如图 9-11 所示。

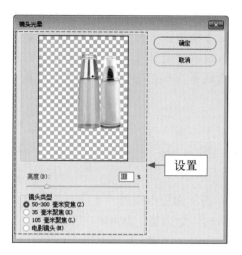

图 9-10　设置"镜头光晕"参数

图 9-11　添加滤镜效果

💬 专家指点

　　微博平台相对于其他新媒体平台来说，可设计的空间较少，所以更应该好好利用仅有的几个小空间，最大程度地展示产品的优势与特点，让用户可以更快更好地了解微博账号的主要内容和主营业务。

步骤 11 在"图层"面板中，选择"图层 2"图层中的图像，如图 9-12 所示。

步骤 12 运用移动工具将其拖曳至背景图像编辑窗口中，适当调整图像的大小和位置，效果如图 9-13 所示。

图 9-12　选择"图层 2"图层

图 9-13　调整后的图像

专家指点

　　滤镜主要是实现一种图像特殊处理的工具，它在 Photoshop 中具有非常神奇的作用。滤镜虽然看起来操作简单，但是要与图层等东西结合使用，才能得到很好的艺术效果，在最适当的时候将滤镜运用到最合适的地方才能体现滤镜的神奇之处，滤镜可分为很多种，如杂色滤镜、风格化滤镜、液化滤镜、模糊滤镜等。我们还可以在网络上下载其他滤镜插件，结合 Photoshop 一起使用。

9.1.2　制作微博主图文字效果

　　下面介绍制作微博主图文字效果的方法。

　　步骤 01 选取工具箱中的横排文字工具，在"字符"面板中设置"字体系列"为"方正细黑一简体"、"字体大小"为 8 点、"设置所选字符的字距调整"为 100、"行距"为 10 点、"颜色"为灰色 (RGB 参数值分别为 68、69、71)，激活仿粗体图标，如图 9-14 所示。

　　步骤 02 在图像编辑窗口中输入相应文字，如图 9-15 所示。

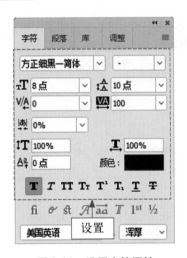

图 9-14　设置字符属性

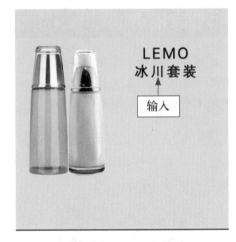

图 9-15　输入文字

专家指点

　　文字是多数设计作品尤其是商业作品中不可或缺的重要元素，有时甚至在作品中起着主导作用，Photoshop 除了提供丰富的文字属性设计及版式编排功能外，还允许对文字的形状进行编辑，以便制作出更多、更丰富的文字效果。

　　步骤 03 选取工具箱中的横排文字工具，在"字符"面板中设置"字体系列"为"微软雅黑"、"字体大小"为 9 点、"设置所选字符的字距调整"为 100、"颜色"为橙色 (RGB

参数值分别为 255、120、53)，在图像编辑窗口中输入文字，如图 9-16 所示。

步骤 04　选中"¥"符号，在"字符"面板中激活上标图标，如图 9-17 所示。

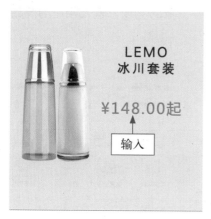

图 9-16　输入文字

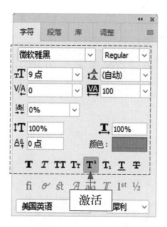

图 9-17　激活上标图标

专家指点

　　编辑文字是指对已经创建的文字进行编辑操作，如选择文字、移动文字、更改文字排列方向、切换点文字和段落文本、拼写检查文字以及替换文字等，用户可以根据实际情况对文字对象进行相应操作。

步骤 05　选中"起"文字，设置"字体大小"为 5 点，效果如图 9-18 所示。

步骤 06　选取工具箱中的横排文字工具，在"字符"面板中设置"字体系列"为"方正兰亭超细黑简体"、"字体大小"为 4 点、"设置所选字符的字距调整"为 150、"颜色"为黑色(RGB 参数值均为 0)，激活仿粗体图标，在图像编辑窗口中输入文字，如图 9-19 所示。

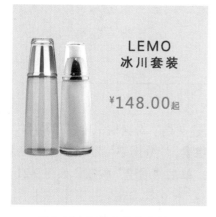

图 9-18　调整字体大小效果

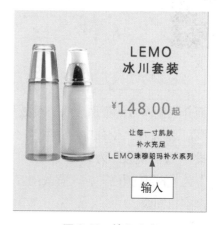

图 9-19　输入文字

9.2 微博推送广告设计

在制作微博广告时，先打开并拖曳素材图像，调整图像的亮度，输入相应的商品信息，最后再将图像拖曳至微博界面中，即可完成设计。

本实例最终效果如图 9-20 所示。

图 9-20 实例效果

扫一扫观看在线视频：

微博推送广告设计

9.2.1 制作微博推送广告背景效果

下面介绍制作微博推送广告背景效果的方法。

步骤 01 选择"文件"|"新建"命令，弹出"新建文档"对话框，设置"名称"为"微博广告设计"、"宽度"为 1028 像素、"高度"为 451 像素、"分辨率"为 72 像素／英寸、"颜色模式"为"RGB 颜色"、"背景内容"为"白色"。单击"创建"按钮，如图 9-21 所示，新建一个空白图像。

步骤 03 按 Ctrl+O 组合键，打开"美食背景 .jpg"素材图像，运用移动工具将素材图像拖曳至背景图像编辑窗口中，适当调整图像的位置，效果如图 9-22 所示。

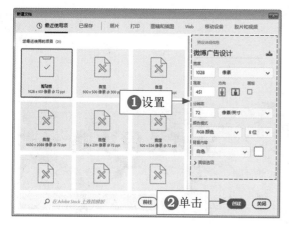

①设置

②单击

图 9-21　新建空白图像

拖曳

图 9-22　拖曳图像

步骤 03 选择"图像"|"调整"|"曲线"命令，弹出"曲线"对话框，在曲线上单击鼠标左键新建一个控制点，设置曲线值"输入"为 40、"输出"为 45，如图 9-23 所示。

步骤 04 单击"确定"按钮，调整图像的亮度，效果如图 9-24 所示。

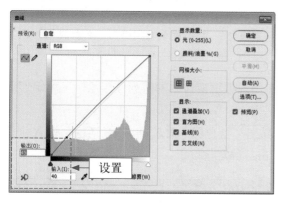

设置

图 9-23　设置图像属性

图 9-24　调整亮度

9.2.2　制作微博推送广告文字效果

下面介绍制作微博推送广告文字效果的方法。

步骤 01 选取工具箱中的横排文字工具，在"字符"面板中设置"字体系列"为"方正粗倩简体"、"字体大小"为 91.5 点、"设置所选字符的字距调整"为 100、"颜色"为黑色，激活仿粗体图标，如图 9-25 所示。

步骤 02 在图像编辑窗口中输入文字，如图 9-26 所示。

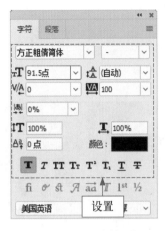

图 9-25　设置字符面板

图 9-26　输入文字

专家指点

在 Photoshop 中，点文本和段落文本可以相互转换，转换时选择"类型"|"转换为段落文本"或选择"类型"|"转换为点文本"命令即可。用户可以输入多个段落，文字基于文本框的尺寸将自动换行，也可以进行段落调整，文本框的大小可以任意调整，以便重新排列文字。

步骤 03 选取工具箱中的矩形选框工具，在图像编辑窗口中的适当位置绘制一个矩形选框，如图 9-27 所示。

步骤 04 单击工具箱底部的前景色色块，弹出"拾色器（前景色）"对话框，设置前景色为红色 (RGB 参数值分别为 242、97、68)，单击"确定"按钮，如图 9-28 所示。

图 9-27　绘制矩形选框

图 9-28　设置前景色

步骤 05 新建图层，选择"编辑"|"填充"命令，弹出"填充"对话框，设置"内容"

为"前景色"，如图 9-29 所示。

步骤 06 单击"确定"按钮，即可为选区填充红色，按 Ctrl+D 组合键取消选区，效果如图 9-30 所示。

图 9-29 设置"内容"选项

图 9-30 取消选区

步骤 07 选取工具箱中的横排文字工具，在"字符"面板中设置"字体系列"为"方正小宋体"、"字体大小"为 38 点、"设置所选字符的字距调整"为 100、"颜色"为白色 (RGB 参数值均为 255)，激活仿粗体图标，在图像编辑窗口中输入文字，如图 9-31 所示。

步骤 08 在"字符"面板中设置"字体系列"为"Adobe 黑体 Std"、"字体大小"为 25 点、"设置所选字符的字距调整"为 −25、"颜色"为红色 (RGB 参数值分别为 124、25、25)，激活仿粗体与下划线图标，如图 9-32 所示。

图 9-31 输入文字

图 9-32 设置各选项

步骤 09 在图像编辑窗口中输入文字，适当调整其位置，如图 9-33 所示。

步骤 10 在"字符"面板中设置"字体系列"为"Adobe 黑体 Std"、"字体大小"为 41 点、"颜色"为白色 (RGB 参数值均为 255)，在图像编辑窗口中输入文字，适当调整其位置，效果如图 9-34 所示。

图 9-33　输入文字

图 9-34　输入文字

步骤 11 选中除"背景"图层外的所有图层，按 Ctrl+G 组合键，为图层编组，得到"组1"图层组，如图 9-35 所示。

步骤 12 按 Ctrl+O 组合键，打开"微博背景 .jpg"素材图像，切换至背景图像编辑窗口，运用移动工具将图层组的图像拖曳至"微博背景"图像编辑窗口中，适当调整图像的位置，效果如图 9-36 所示。

图 9-35　得到"组 1"图层组

图 9-36　拖曳图像

第10章

媒体平台：账号头像与页面广告设计

知识导读

除了资讯平台外，还有其他内容平台，如问答平台知乎，以及提供关于书籍、电影、音乐等作品信息的社区网站豆瓣等。本章主要介绍这些新媒体平台的头像设计、主图设计和广告设计技巧。

本章重点导航

◎ 知乎账号头像设计
◎ 豆瓣书店广告设计

10.1　知乎账号头像设计

问答平台是网络营销中经常使用的一种平台类型，最具代表性的有百度知道和腾讯SOSO，而知乎作为问答平台中最有知识社交性的平台，建议运营者把知乎加入到新媒体运营中。本实例设计的是知乎平台上的自媒体账号头像。

在制作知乎LOGO时，先运用渐变工具绘制出背景和标志主体，运用画笔工具添加适当光点，再添加环形素材与文字，最后放入界面中，即可完成制作。

本实例最终效果如图10-1所示。

图 10-1　实例效果

扫一扫观看在线视频：

知乎头像设计

专家指点

LOGO在企业中扮演着一个很重要的角色，它可以代表一个企业的形象，LOGO的设计很重要。

要与企业处处相关联，可以设计成抽象性、具象性以及非图案字体性三种。LOGO
一般是运用绘图的方式，通过色彩搭配、文字搭配来带给人视觉上的美感。

10.1.1　制作知乎头像背景效果

下面介绍制作知乎账号头像背景效果的方法。

步骤 01 选择"文件"|"新建"命令，弹出"新建文档"对话框，设置"名称"为"知
乎头像设计"、"宽度"为1000像素、"高度"为750像素、"分辨率"为300像素/英寸、
"颜色模式"为"RGB颜色"、"背景内容"为"白色"(RGB参数值均为255)。单击"创建"
按钮，如图10-2所示，新建一个空白图像。

步骤 02 展开"图层"面板，新建"图层1"图层，如图10-3所示。

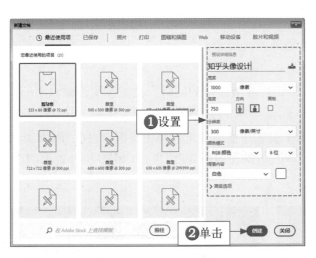

图 10-2　新建空白图像

图 10-3　新建"图层1"图层

步骤 03 选取工具箱中的渐变工具，设置左右色标的颜色为位置92%紫色(RGB参数
值分别为104、71、137)，左边色标的颜色为位置8%浅蓝色(RGB参数值分别为120、188、
241)，如图10-4所示。

步骤 04 在渐变工具的工具属性栏中单击"径向渐变"按钮，移动鼠标光标至画布中心
的位置，单击鼠标左键并向左下方拖曳，至合适位置后释放鼠标，即可填充渐变色，效果如
图10-5所示。

图 10-4　设置色标颜色

图 10-5　填充渐变色

10.1.2　制作知乎头像主体效果

下面介绍制作知乎头像主体效果的方法。

步骤 01 选取椭圆选框工具，按住 Shift+Alt 组合键的同时，在图像编辑窗口中绘制一个正圆形选区，效果如图 10-6 所示。

步骤 02 新建"图层 2"图层，选取工具箱中的渐变工具为图层填充白色 (RGB 参数值均为 255) 至黄色 (RGB 参数值分别为 255、240、0) 的径向渐变色，再按 Ctrl+D 组合键取消选区，效果如图 10-7 所示。

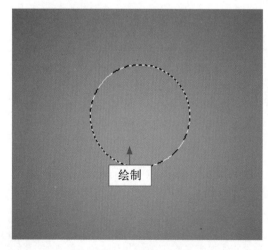

图 10-6　绘制圆形选区

图 10-7　取消选区

步骤 03 展开"图层"面板，选择"图层2"图层，单击鼠标左键并将其拖曳至"图层"面板下方的"创建新图层"按钮上，如图10-8所示，松开鼠标左键，即可得到"图层2拷贝"图层。

步骤 04 按Ctrl+T组合键，调出变换控制框，按住Shift+Alt组合键的同时，等比例从中心点缩小图像，如图10-9所示。

图 10-8　得到"图层2拷贝"图层

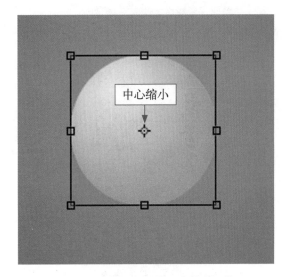

图 10-9　等比例从中心点缩小图像

专家指点

　　如果要同时处理多个图层中的内容（如移动、应用变化或创建剪贴蒙版），可以将这些图层链接在一起。选择两个或多个图层，然后选择"图层"|"链接图层"命令或单击"图层"面板底部的"链接图层"按钮，可以将选择的图层链接起来。如果要取消链接，可以选择其中一个链接图层，然后单击"链接图层"按钮，即可取消链接。

　　在编辑图像文件时，为了减少磁盘空间的利用，对于没必要分开的图层，可以将它们合并，这样有助于减少图像文件对磁盘空间的占用，同时也可以提高系统的处理速度。

步骤 05 按Enter键确认变换，再设置"图层2拷贝"图层的"混合模式"为"滤色"，如图10-10所示。

步骤 06 继续设置"图层2拷贝"图层的"不透明度"为80%，效果如图10-11所示。

步骤 07 选取画笔工具，展开"画笔"面板，选择"画笔笔尖形状"选项，设置"大小"为15像素、"硬度"为0%、"间距"为250%，如图10-12所示。

步骤 08 选中"形状动态"复选框，设置"大小抖动"为75%，而其他参数均设置为0%，此时，面板下方的预览框中即可显示调整后的画笔状态，如图10-13所示。

图 10-10　设置混合模式

图 10-11　设置"不透明度"效果

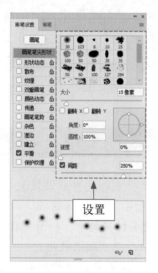

图 10-12　设置各参数

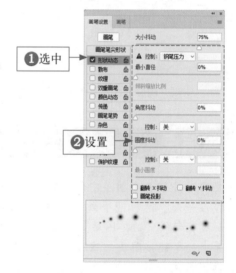

图 10-13　显示调整后的画笔状态

专家指点

"散布"的各主要选项含义如下所述。

- "散布/两轴": "散布"用来设置画笔笔迹的分散程度, 该值越高, 分散的范围越广。如果勾选"两轴"复选框, 画笔笔迹将以中间为基准, 向两侧分散。
- "数量": 用来指定在每个间距间隔应用的画笔笔迹数量。
- "数量抖动/控制": 用来指定画笔笔迹数量如何针对各种间距间隔而变化。

步骤 09 选中"散布"复选框，设置"散布"为 1000%、"数量"为 1、"数量抖动"为 0%，此时，在面板下方的预览框中即可显示调整后的画笔状态，如图 10-14 所示。

步骤 10 新建"图层 3"图层，设置前景色为白色，在球体上绘制散布的星点，效果如图 10-15 所示。

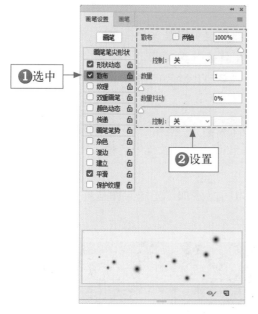

图 10-14　显示调整后的画笔状态

图 10-15　绘制星点

步骤 11 按 Ctrl+O 组合键，打开"装饰 .psd"素材图像，运用移动工具将素材图像拖曳至背景图像编辑窗口中，适当调整图像的位置，效果如图 10-16 所示。

步骤 12 设置前景色为白色，双击"图层 4"图层，弹出"拾色器"对话框，选中"光泽"复选框，设置"光泽颜色"为浅橘色 (RGB 参数值分别为 255、95、24)，如图 10-17 所示。

图 10-16　拖曳图像

图 10-17　设置 RGB 参数

💬 专家指点

> 通过复制与粘贴图层样式，可以减少重复操作。在操作时，首先选择包含要复制的图层样式的源图层，在该图层的图层名称上单击鼠标右键，在弹出的快捷菜单中选择"拷贝图层样式"选项。

选择要粘贴图层样式的目标图层，它可以是单个图层也可以是多个图层，在图层名称上单击鼠标右键，在弹出的菜单列表框中选择"粘贴图层样式"选项即可。当用户只需要复制原图像中的某个图层样式时，可以在"图层"面板中按住 Alt 键的同时，单击鼠标左键并拖曳这个图层样式至目标图层中即可。

步骤 13 设置"不透明度"为 50%、"角度"为 90 度、"距离"为 17 像素、"大小"为 40 像素，点击等高线预览图右侧的下拉按钮，在展开的下拉列表框中选择"环形 - 双"样式，如图 10-18 所示。

步骤 14 设置完毕后单击"确定"按钮，即可为图像添加"光泽"图层样式，效果如图 10-19 所示。

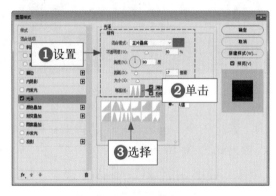

图 10-18 设置各选项

图 10-19 添加"光泽"图层样式

步骤 15 选中"图层 4"图层，单击鼠标右键，在弹出的快捷菜单中选择"拷贝图层样式"选项，并粘贴在"图层 4 拷贝"图层上，效果如图 10-20 所示。

步骤 16 选取工具箱中的横排文字工具，在"字符"面板中设置"字体系列"为"方正准圆简体"、"字体大小"为 11 点、"设置所选字符的字距调整"为 50、"颜色"为黑色 (RGB 参数值均为 0)，如图 10-21 所示。

步骤 17 在图像编辑窗口中输入文字，并移至适当位置，如图 10-22 所示。

步骤 18 双击文字图层，弹出"图层样式"对话框，选中"投影"复选框，设置"投影颜色"为紫色 (RGB 参数值分别为 95、55、228)、"不透明度"为 22%、"角度"为 143、"距离"为 4 像素、"扩展"为 20%、"大小"为 3 像素，单击"确定"按钮，即可为文字添加"投影"图层样式，效果如图 10-23 所示。

图 10-20　粘贴图层样式

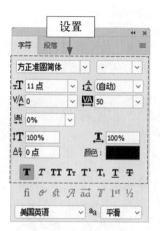

图 10-21　设置各选项

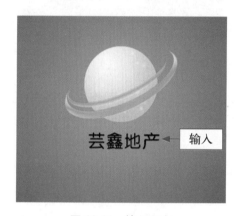

图 10-22　输入文字

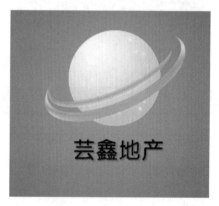

图 10-23　添加"投影"图层样式效果

专家指点

隐藏图层样式可以执行以下 3 种操作方法。

● 在"图层"面板中单击图层样式名称"切换所有图层效果可见性"图标，可将显示的图层样式隐藏。

● 在任意一个图层样式名称上单击鼠标右键，在弹出的菜单列表中选择"隐藏所有效果"选项即可隐藏当前图层样式效果。

● 在"图层"面板中单击所有图层样式上方"效果"左侧的眼睛图标，即可隐藏所有图层样式效果。

步骤 19 选取工具箱中的横排文字工具，设置"字体系列"为"方正黑体简体"、"字体大小"为 9 点、"设置所选字符的字距调整"为 50、"颜色"为黑色 (RGB 参数值均为 0)，激活仿粗体图标，在图像编辑窗口中输入相应文本，如图 10-24 所示。

步骤 20 双击文字图层，弹出"图层样式"对话框，选中"投影"复选框，设置"不透明度"为22%、"距离"为4像素、"扩展"为20%、"大小"为3像素、"角度"为143，单击"确定"按钮，即可为文字添加"投影"图层样式，如图10-25所示。

图 10-24　输入文字

图 10-25　添加"投影"图层样式

10.2　豆瓣书店广告设计

在制作豆瓣平台的书店页面广告时，先打开并拖曳素材图像，调整图像的亮度，输入相应的商品文字信息，即可完成设计。

本实例最终效果如图10-26所示。

扫一扫观看在线视频：

豆瓣书店广告设计

图 10-26　实例效果

10.2.1 制作豆瓣书店主体效果

下面介绍制作豆瓣书店页面广告主体效果的方法。

步骤 01 按 Ctrl+O 组合键，打开一幅素材图像，效果如图 10-27 所示。

步骤 02 选择"滤镜"|"模糊"|"高斯模糊"命令，弹出"高斯模糊"对话框，设置"半径"为 1 像素，如图 10-28 所示。

图 10-27 打开素材图像

图 10-28 设置"高斯模糊"选项

步骤 03 单击"确定"按钮，即可模糊图像，效果如图 10-29 所示。

步骤 04 新建"亮度/对比度"调整图层，在"属性"面板中设置"亮度"为 10、"对比度"为 10，调整背景图像的亮度和对比度，效果如图 10-30 所示。

图 10-29 模糊图像

图 10-30 调整图像亮度和对比度

💬 专家指点

应用"模糊"滤镜，可以使图像中清晰或对比度较强烈的区域产生模糊的效果。

步骤 05 打开"图书.psd"素材图像，运用移动工具将其拖曳至当前图像编辑窗口中的合适位置，效果如图 10-31 所示。

步骤 06 双击"图层 1"图层，弹出"图层样式"对话框，选中"投影"复选框，参数设置如图 10-32 所示。

图 10-31　添加图书素材

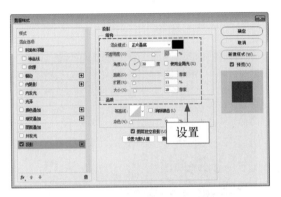

图 10-32　设置"投影"参数

专家指点

　　在 Photoshop 中，应用"投影"图层样式，可为图层中的对象下方制造一种阴影效果，阴影的"不透明度""角度""距离""扩展""大小"以及"等高线"等，都可以在"图层样式"对话框中进行设置。

　　例如，在"图层样式"对话框中，设置光照角度，可以确定投下阴影的方向与角度；当选中后面的"使用全局光"复选框时，可以将所有图层对象的阴影角度都统一；设置"等高线"选项，可以调整阴影的明暗部分，单击右侧的下拉按钮，可以选择预设效果，也可以单击预设效果，弹出"等高线编辑器"对话框重新进行编辑。

步骤 07 单击"确定"按钮，应用"投影"图层样式，效果如图 10-33 所示。

步骤 08 选取工具箱中的椭圆选框工具，在右下角创建一个椭圆选区，适当调整其位置，如图 10-34 所示。

步骤 09 新建"图层 2"图层，为选区填充白色，并取消选区，如图 10-35 所示。

步骤 10 设置"图层 2"图层的"不透明度"为 80%，调整图像的不透明度，效果如图 10-36 所示。

步骤 11 为"图层 2"图层添加一个图层蒙版，运用渐变工具从上至下填充黑色至白色的"线性渐变"色，效果如图 10-37 所示。

步骤 12 双击"图层 2"图层，弹出"图层样式"对话框，选中"外发光"复选框，参数设置如图 10-38 所示。

图 10-33　应用"投影"图层样式

图 10-34　创建椭圆选区

图 10-35　填充白色

图 10-36　调整图像的不透明度

图 10-37　图像效果

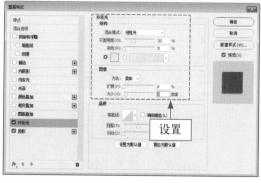

图 10-38　设置"外发光"参数

步骤 13 单击"确定"按钮，应用"外发光"图层样式，效果如图 10-39 所示。

步骤 14 按 Ctrl+O 组合键，打开"宣传文字 .psd"素材图像，运用移动工具将图层组的图像拖曳至当前图像编辑窗口中，适当调整图像的位置，效果如图 10-40 所示。

图 10-39 应用"外发光"图层样式　　　　图 10-40 调整图像位置

10.2.2 制作豆瓣书店文字效果

下面介绍制作豆瓣书店页面广告文字效果的方法。

步骤 01 选取工具箱中的直排文字工具，在"字符"面板中设置"字体系列"为"迷你简启体"、"字体大小"为 18.5 点、"设置所选字符的字距调整"为 400、"颜色"为白色，激活仿粗体图标，如图 10-41 所示。

步骤 02 在图像编辑窗口中输入相应文字，如图 10-42 所示。

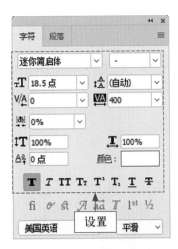

图 10-41 设置字符属性　　　　图 10-42 输入文字

步骤 03 双击文字图层，弹出"图层样式"对话框，选中"描边"复选框，设置"颜色"为黑色 (RGB 参数值均为 0)，其他参数设置如图 10-43 所示。

步骤 04 单击"确定"按钮，应用"描边"图层样式，效果如图 10-44 所示。

步骤 05 选取工具箱中的圆角矩形工具，在工具属性栏中选择工具模式为"形状"，设置"半径"为 15 像素、"填充"为红色 (RGB 参数值分别为 230、0、18)，绘制一个圆角矩形图形，如图 10-45 所示。

步骤 06 选取工具箱中的矩形工具，在工具属性栏中选择工具模式为"形状"，设置"填充"为红色 (RGB 参数值分别为 230、0、18)，绘制一个矩形图形，如图 10-46 所示。

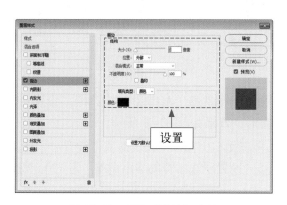

图 10-43　设置"描边"参数

图 10-44　应用"描边"图层样式

图 10-45　绘制一个圆角矩形形状

图 10-46　绘制矩形形状

步骤 07 复制该矩形图像，并适当调整其位置，效果如图 10-47 所示。

步骤 08 选取工具箱中的直排文字工具输入相应文字，在"字符"面板中设置"字体系列"为"Adobe 黑体 Std"、"字体大小"为 7 点、"设置所选字符的字距调整"为 100、"颜色"为白色，并激活仿粗体图标，效果如图 10-48 所示。

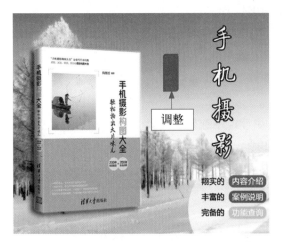

图 10-47　复制矩形形状

图 10-48　输入文字

步骤 09　选取工具箱中的直线工具，在工具属性栏中选择工具模式为"形状"，设置"填充"为黑色、"粗细"为 3 像素，绘制一个直线图形，效果如图 10-49 所示。

步骤 10　选取工具箱中的直排文字工具输入相应文字，在"字符"面板中设置"字体系列"为"Adobe 黑体 Std"、"字体大小"为 7.5 点、"设置所选字符的字距调整"为 100、"颜色"为黑色，效果如图 10-50 所示。

图 10-49　绘制直线图形

图 10-50　输入文字

步骤 11　双击文字图层，弹出"图层样式"对话框，选中"投影"复选框，其他参数设置如图 10-51 所示。

步骤 12　单击"确定"按钮，应用"投影"图层样式，效果如图 10-52 所示。

步骤 13　选取工具箱中的直排文字工具输入相应文字，在"字符"面板中设置"字体系列"为 Acumin Variabl.、"字体大小"为 3.77 点、"颜色"为黑色，并激活仿粗体图标，效果如图 10-53 所示。

步骤 14 双击文字图层，弹出"图层样式"对话框，选中"投影"复选框，设置"距离"为 1 像素、"大小"为 1 像素，单击"确定"按钮，效果如图 10-54 所示。

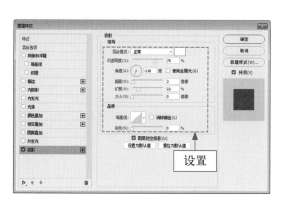

图 10-51　设置"投影"参数　　　　　图 10-52　应用"投影"图层样式

图 10-53　输入文字　　　　　　　　图 10-54　添加"投影"图层样式

第11章

QQ 空间：
好友动态信息流广告设计

知识导读

伴随着微信的火热发展，QQ 空间广告平台也应运而生。越来越多的商家、企业、个人都将其用于营销。所以 QQ 的广告设计也变得重要起来，美观的界面可以让人在界面停留更久。

本章重点导航

◎ 零食品牌推广活动设计
◎ 珠宝产品促销广告设计

11.1 零食品牌推广活动设计

　　QQ空间是腾讯为客户提供的商品营销平台，下面选取其零食推广页活动、拼多多产品推广页设计等两个广告位来作案例分析。

　　在制作零食推广页时，采用深橙色的纯色背景，添加一张推广产品的图片，再配上简洁明了的文字与图形，可以很好地将信息传递给用户。

　　本实例最终效果如图11-1所示。

图 11-1　实例效果

扫一扫观看在线视频：

零食品牌推广活动设计

💬 专家指点

　　如果对绘制的圆角矩形不满意，可以选择"窗口"|"属性"命令，在展开的"属性"面板中，对圆角矩形进行参数设置，如"填充""描边""描边宽度""半径"等参数。

<<<<<

11.1.1　制作零食推广页主体效果

下面详细介绍制作零食推广页主体效果的方法。

步骤 01 选择"文件"|"新建"命令，弹出"新建文档"对话框，设置"名称"为"零食品牌推广活动设计"、"宽度"为 990 像素、"高度"为 300 像素、"分辨率"为 300 像素 / 英寸、"颜色模式"为"RGB 颜色"、"背景内容"为"白色"。单击"创建"按钮，新建一个空白图像，如图 11-2 所示。

步骤 02 选取工具箱中的圆角矩形工具，在工具属性栏中设置"填充"为深橙色 (RGB 参数值分别为 243、152、0)、"描边"为棕色 (RGB 参数值分别为 168、66、0)、"描边宽度"为 1 像素、"半径"为 10 像素，沿画布边缘绘制一个圆角矩形，如图 11-3 所示。

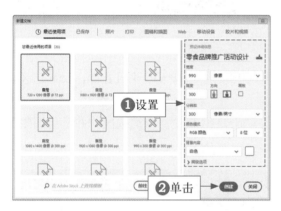

图 11-2　新建空白图像　　　　　　　　　　图 11-3　绘制圆角矩形

步骤 03 选择"文件"|"打开"命令，打开"美食 .jpg"素材图像，如图 11-4 所示。

步骤 04 选择"图像"|"调整"|"自然饱和度"命令，弹出"自然饱和度"对话框，设置"自然饱和度"为 100、"饱和度"为 14，单击"确定"按钮，效果如图 11-5 所示。

图 11-4　素材图像　　　　　　　　　　　图 11-5　调整后的图像效果

步骤 05 选择"图像"|"调整"|"亮度 / 对比度"命令，弹出"亮度 / 对比度"对话框，

设置"对比度"为35，单击"确定"按钮，效果如图11-6所示。

步骤 06 运用移动工具将素材图像拖曳至背景图像编辑窗口中，适当调整图像的大小和位置，如图11-7所示。

图 11-6　调整后的图像效果　　　　　　　　　　　图 11-7　拖曳图像

步骤 07 运用椭圆选框工具绘制一个正圆形选区，按 Shift+Ctrl+I 组合键，反选选区，如图11-8所示。

步骤 08 按 Delete 键删除选区内的图像，按 Ctrl+D 组合键，取消选区，并适当调整图片的位置，效果如图11-9所示。

图 11-8　反选选区　　　　　　　　　　　　　　图 11-9　取消选区

11.1.2　制作零食推广页文字效果

下面介绍零食推广页文字效果的方法。

步骤 01 选取工具箱中的横排文字工具，选择"窗口"|"字符"命令，弹出"字符"面板，设置"字体系列"为"华康娃娃体"、"字体大小"为16.5点、"颜色"为白色 (RGB 参数值均为255)，激活仿粗体图标，如图11-10所示。

步骤 02 在图像编辑窗口中输入文字，运用移动工具将文字移动至合适位置，效果如图11-11所示。

步骤 03 选择"图层"|"图层样式"|"投影"命令，弹出"图层样式"对话框，设置"不透明度"为75%、"角度"为90度、"距离"为5像素、"扩展"为10%、"大小"为7像素，如图11-12所示。

步骤 04 单击"确定"按钮，即可为文字添加"投影"图层样式，效果如图11-13所示。

图 11-10　设置各选项

图 11-11　输入文字

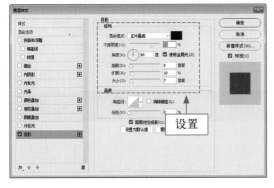

图 11-12　设置各参数

图 11-13　添加图层样式

步骤 05　选取工具箱中的直线工具，在工具属性栏中设置"选择工具模式"为"形状"、"填充"为白色 (RGB 参数值均为 255)、"粗细"为 2 像素，绘制直线图形，如图 11-14 所示。

步骤 06　选取工具箱中的横排文字工具，设置"字体系列"为"方正卡通简体"、"字体大小"为 7.2 点、"设置所选字符的字距调整"为 –25、"颜色"为白色 (RGB 参数值均为 255)，在图像编辑窗口中输入文字，如图 11-15 所示。

图 11-14　绘制直线

图 11-15　输入文字

步骤 07　选取工具箱中的多边形工具，在工具属性栏中设置"填充"为黄色 (RGB 参数值分别为 234、209、73)、"描边"为无，选中"星形"复选框，设置"缩进边依据"为

53%、"边"为4、"粗细"为1像素，如图11-16所示。

步骤 08 按住Shift键的同时，在图像编辑窗口中单击鼠标左键并拖曳，绘制一个星形，如图11-17所示。

图 11-16 设置各选项

图 11-17 绘制一个星形

专家指点

多边形工具的各主要选项含义如下。

- 半径：可以设置多边形或者星形的半径长度，绘制时可以创建指定半径值的多边形或星形。
- 平滑拐角：创建具有平滑拐角的多边形或者星形。
- 星形：选中该复选框可以创建星形，在"缩进边依据"选项中可以设置星形边缘向中心缩进的数量，该值越高，缩进量越大；若选中"平滑缩进"复选框，可以使星形的边平滑地向中心缩进。

步骤 09 选取工具箱中的直接选择工具，适当调整星形两个角的长度，效果如图11-18所示。

步骤 10 选取工具箱中的移动工具，按Ctrl+T组合键，调出变换控制框，在工具属性栏中设置"旋转"为25度，此时图像编辑窗口中的图像也随之旋转，如图11-19所示。

步骤 11 按Enter键确认变换，并将图像移至合适位置，效果如图11-20所示。

步骤 12 选取工具箱中的横排文字工具，在"字符"面板中设置"字体系列"为"方正卡通简体"、"字体大小"为6点、"颜色"为白色(RGB参数值均为255)，在图像编辑窗口中输入文字，如图11-21所示。

　　移动工具是 Photoshop 软件工具栏中使用最多的工具，主要是负责移动图层和图像等方便复制操作。在选择移动工具后，Photoshop 会弹出移动工具面板（又称为移动工具选项栏），可供使用者对移动工具的功能进行细微设置与调节。

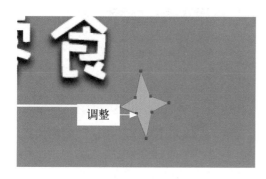

图 11-18　调整星形角的长度

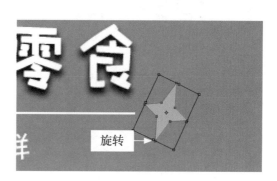

图 11-19　旋转图像

图 11-20　移动图像

图 11-21　输入文字

步骤 13　按 Ctrl+O 组合键，打开"按钮 .psd"素材图像，运用移动工具将素材图像拖曳至背景图像编辑窗口中，适当调整图像的位置，效果如图 11-22 所示。

步骤 14　选取工具箱中的横排文字工具，在"字符"面板中设置"字体系列"为"方正准圆体"、"字体大小"为 8.8 点、"颜色"为白色 (RGB 参数值均为 255)，在图像编辑窗口中输入文字，如图 11-23 所示。

图 11-22　移动图像

图 11-23　输入文字

步骤 15　选中除"背景"图层外的所有图层，按 Ctrl+G 组合键，为图层编组，得到"组1"图层组，如图 11-24 所示。

步骤 16　按 Ctrl+O 组合键，打开"QQ 空间 .jpg"素材图像，运用移动工具将图层组的图像拖曳至刚打开的图像编辑窗口中，适当调整图像的位置和大小，效果如图 11-25 所示。

图 11-24　得到"组 1"图层组

图 11-25　调整后的图像效果

专家指点

　　背景图层的默认颜色是控制栏里面颜色选择器的背景颜色。在背景层里选择部分选区，然后删除选区，可以看见被删除的部分变成了透明区域，普通图层更有利于图像的编辑，如果没有特殊要求，一般编辑图片时可以把背景层转换为普通层。

　　普通图层是 Photoshop 中最基本的图层，也是最常用的图层之一，在创建和编辑图像时，创建的图层都是普通图层，在普通图层上可以设置图层混合模式、调节不透明度和填充，从而改变图层的显示效果。单击"图层"面板底部的"创建新图层"按钮 🔲，即可创建普通图层。在 Photoshop 中，展开"图层"面板，移动鼠标至"图层 1"图层上，单击鼠标左键并拖曳至面板右下方的"创建新图层"按钮 🔲 上，即可复制图层，并生成"图层 1 拷贝"图层。

11.2　珠宝产品促销广告设计

　　新品发布活动的主要目的是力求激发顾客对新产品、新店铺等产生兴趣，从而达到销售产品的目的，这也是最为常规的营销方式。在制作 QQ 空间新产品推广活动页面时，通常可以结合各种促销手段来增加活动的吸引力，从而快速获取优质用户的关注。

　　本实例最终效果如图 11-26 所示。

图 11-26 实例效果

扫一扫观看在线视频：

珠宝产品促销广告设计

11.2.1 制作产品页面文字效果

　　网店的促销活动可以让消费者降低初次消费成本，从而更容易接受新产品。下面详细介绍新品上市促销活动的文字设计方法。

　　步骤 01 按 Ctrl+O 组合键，打开一幅素材图像，如图 11-27 所示。

　　步骤 02 选取工具箱中的横排文字工具，在"字符"面板中设置"字体系列"为"微软雅黑"、"字体大小"为 147 点、"设置消除锯齿的方法"为"浑厚"、"颜色"为红色 (RGB 参数值分别为 255、12、12)，如图 11-28 所示。

　　步骤 03 将鼠标移动至图像编辑窗口中单击鼠标左键，输入文字，按 Ctrl+Enter 组合键确认输入；选取工具箱中的移动工具，将文字移动至合适位置，效果如图 11-29 所示。

　　步骤 04 选取工具箱中的横排文字工具，在"字符"面板中设置"字体系列"为"黑体"、"字体大小"为 128 点、"设置消除锯齿的方法"为"浑厚"、"颜色"为白色，如图 11-30 所示。

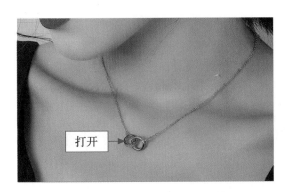

图 11-27　打开素材图像

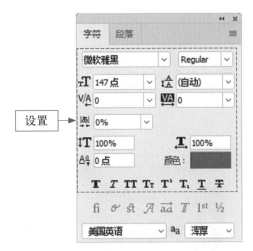

图 11-28　设置"字符"属性

图 11-29　输入文字

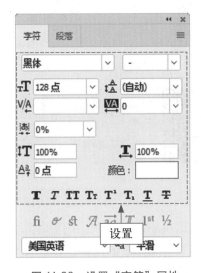

图 11-30　设置"字符"属性

步骤 05 将鼠标移动至图像编辑窗口中单击鼠标左键，输入文字，按 Ctrl+Enter 组合键确认输入，选取工具箱中的移动工具，将文字调整至合适位置，效果如图 11-31 所示。

步骤 06 选取工具箱中的横排文字工具，在"字符"面板中设置"字体系列"为"黑体"、"字体大小"为 128 点、"设置消除锯齿的方法"为"浑厚"、"颜色"为白色，如图 11-32 所示。

步骤 07 将鼠标移动至图像编辑窗口中单击鼠标左键，输入文字，按 Ctrl+Enter 组合键确认输入，选取工具箱中的移动工具，将文字调整至合适位置，效果如图 11-33 所示。

步骤 08 选中"折起"文字图层，在菜单栏中选择"图层"|"图层样式"|"投影"命令，即可弹出"图层样式"对话框，设置"角度"为 30 度、"距离"为 5 像素、"大小"为 5 像素，单击"确定"按钮，即可应用投影效果，如图 11-34 所示。

<<<<<

图 11-31　调整文字

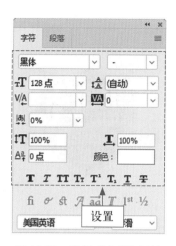

图 11-32　设置"字符"属性

图 11-33　调整文字

图 11-34　应用投影效果

11.2.2　制作产品页面细节效果

下面详细介绍新品上市促销活动的页面细节效果设计方法。

步骤 01 按 Ctrl+O 组合键,打开"新品标签 .psd"素材图像,如图 11-35 所示。

步骤 02 选取工具箱中的移动工具,将新品标签素材图像拖曳至背景图像编辑窗口中,如图 11-36 所示。

专家指点

　　由于以 JPEG 格式存储文件时会丢失图像数据,因此,如果准备对文件进行进一步编辑或创建额外的 JPEG 版本,最好以原始格式 (例如 Photoshop .PSD) 存储源文件。减少颜色数量通常可以减小图像的文件大小,同时保持图像品质。可以在颜色表中添加和删除颜色,将所选颜色转换为 Web 安全颜色,并锁定所选颜色以防其从调板中删除。

打开

拖曳

图 11-35　打开素材图像

图 11-36　拖入素材

步骤 03 按 Ctrl+T 组合键，调出变换控制框，适当调整其大小和位置，按 Enter 键确认，效果如图 11-37 所示。

步骤 04 新建"亮度/对比度 1"调整图层，展开"属性"面板，设置"亮度"为 35、"对比度"为 20，如图 11-38 所示。

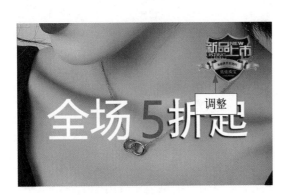

调整

设置

图 11-37　调整大小和位置

图 11-38　设置参数值

步骤 05 选择"亮度/对比度 1"调整图层，创建剪贴蒙版，效果如图 11-39 所示。

步骤 06 在"图层"面板中，选择"背景"图层，按 Ctrl+J 组合键拷贝图层，如图 11-40 所示。

步骤 07 选择"滤镜"|"杂色"|"添加杂色"命令，弹出"添加杂色"对话框，设置"数量"为 5%，如图 11-41 所示。

步骤 08 单击"确定"按钮，添加"添加杂色"滤镜效果，如图 11-42 所示。

图 11-39　创建剪贴蒙版

图 11-40　拷贝图层

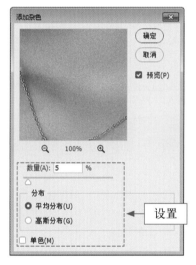

图 11-41　设置数量

图 11-42　添加滤镜效果

💬 **专家指点**

　　亮度 (Value，简写为 V，又称为明度) 是指颜色的明暗程度，通常使用从 0%~100%
的百分比来度量。在正常强度光线照射下的色相，被定义为标准色相，亮度高于标准色
相的，称为该色相的高光，反之称为该色相的阴影。

　　不同亮度的颜色给人的视觉感受各不相同，高亮度颜色给人以明亮、纯净、唯美等
感觉，中亮度颜色给人以朴素、稳重、亲和的感觉。低亮度颜色则让人感觉压抑、沉重、
神秘。

第12章

视频平台：
快手封面与抖音名片设计

知识导读

　　抖音、快手等短视频的应用以及各种直播平台的出现，促成了短视频和直播的爆发，成就了大批的网红，也带来了很多商业机会。本章主要介绍快手、抖音平台中的视觉设计案例，以帮助自媒体和网红取得更好的引流效果。

本章重点导航

◎ 快手个人主页封面设计
◎ 抖音平台个人名片设计

12.1 快手个人主页封面设计

　　快手最初是一款用来制作和分享 GIF 图片的手机应用，如今已经从纯粹的工具应用转型为短视频社区，成为用户记录和分享生活的平台。当然，各行各业的新媒体达人也利用这个热门的短视频平台，分享自己的特长和技能，成为自媒体引流利器。

　　本实例主要介绍一个摄影后期达人的快手短视频教程宣传广告设计，最终效果如图 12-1 所示。

图 12-1　实例效果

扫一扫观看在线视频：

　　快手个人主页封面设计

12.1.1　制作个人主页封面主体效果

　　下面介绍制作快手个人主页封面主体效果的方法。

　　步骤 01 按 Ctrl+O 组合键，打开一幅素材图像，如图 12-2 所示。

　　步骤 02 选取工具箱中的圆角矩形工具，在工具属性栏中选择工具模式为"形状"，设置"半径"为 60 像素、"填充"为无、"描边"为白色、"描边宽度"为 5 像素，绘制一个圆角矩形图形，如图 12-3 所示。

　　步骤 03 双击"圆角矩形 1"图层，弹出"图层样式"对话框，选中"投影"复选框，其他参数设置如图 12-4 所示。

步骤 04 单击"确定"按钮，应用"投影"图层样式，效果如图 12-5 所示。

图 12-2　打开素材图像

图 12-3　绘制圆角矩形图形

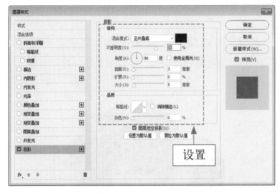

图 12-4　设置"投影"选项

图 12-5　应用"投影"图层样式

步骤 05 选择"圆角矩形 1"图层，将其栅格化；选取工具箱中的矩形选框工具，在边框上方创建一个矩形选区，如图 12-6 所示。

步骤 06 按 Delete 键，删除选区内的图像，并取消选区，效果如图 12-7 所示。

图 12-6　创建矩形选区

图 12-7　删除选区内的图像

步骤 07 按 Ctrl+O 组合键，打开"相机 .jpg"素材图像，如图 12-8 所示。

步骤 08 选取工具箱中的魔棒工具,在工具属性栏中设置"容差"为 6,在白色的背景处单击创建选区,如图 12-9 所示。

图 12-8 打开相机素材图像　　　　　图 12-9 创建选区

步骤 09 选择"选择"|"反选"命令,反选选区,按 Ctrl+J 组合键复制选区内的图像,如图 12-10 所示。

步骤 10 按 Ctrl+D 组合键取消选区,选择"滤镜"|"渲染"|"镜头光晕"命令,弹出"镜头光晕"对话框,设置"亮度"为 75%,单击"确定"按钮,效果如图 12-11 所示。

图 12-10 反选选区　　　　　图 12-11 应用滤镜

步骤 11 运用选择工具将选区内的图像拖曳至背景图像编辑窗口中,适当调整素材的大小和位置,效果如图 12-12 所示。

图 12-12 拖入相机素材

《《《《《

12.1.2　制作个人主页封面文字效果

下面介绍制作快手个人主页封面文字效果的方法。

步骤 01 选取工具箱中的矩形选框工具，在图像中创建一个矩形选区，如图 12-13 所示。

步骤 02 选择"选择"|"变换选区"命令，调出变换控制框，如图 12-14 所示。

图 12-13　创建矩形选区　　　　　　　　　　图 12-14　调出变换控制框

步骤 03 在变换工具的工具属性栏中，设置"旋转"为 45 度，调整矩形选区的角度，效果如图 12-15 所示。

步骤 04 将选区调整至合适位置，并按 Enter 键确认变换操作，效果如图 12-16 所示。

图 12-15　调整选区角度　　　　　　　　　　图 12-16　确认变换

步骤 05 展开"图层"面板，新建"图层 2"图层，如图 12-17 所示。

步骤 06 设置前景色为白色 (RGB 参数值均为 255)，如图 12-18 所示。

步骤 07 为选区填充前景色，并取消选区，效果如图 12-19 所示。

步骤 08 选取工具箱中的横排文字工具，在"字符"面板中设置"字体系列"为"微软雅黑"、"字体大小"为 12 点、"颜色"为黑色，如图 12-20 所示。

步骤 09 在图像编辑窗口中输入相应文字，如图 12-21 所示。

步骤 10 按 Ctrl+T 组合键，调出变换控制框，在变换工具的工具属性栏中，设置"旋转"为 45 度，调整文字的角度，将文字调整至合适位置，并按 Enter 键确认变换操作，效果如图 12-22 所示。

图 12-17　新建图层

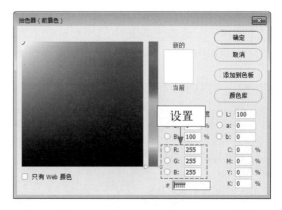

图 12-18　设置前景色

图 12-19　填充前景色

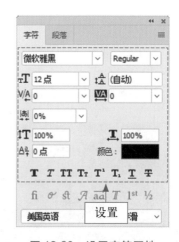

图 12-20　设置字符属性

图 12-21　输入相应文字

图 12-22　调整文字角度

步骤 11 选取工具箱中的横排文字工具，在"字符"面板中设置"字体系列"为"方正大黑简体"、"字体大小"为36点、"颜色"为白色，输入相应文字，如图12-23所示。

步骤 12 双击"构图大法"文字图层，弹出"图层样式"对话框，选中"投影"复选框，其他参数设置如图12-24所示。

图 12-23　输入相应文字

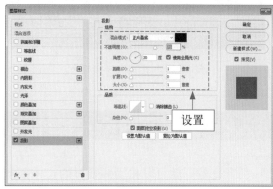

图 12-24　设置"投影"参数

步骤 13 单击"确定"按钮，应用"投影"图层样式，效果如图12-25所示。

步骤 14 选取工具箱中的横排文字工具，在"字符"面板中设置"字体系列"为"微软雅黑"、"字体大小"为25点、"颜色"为白色，输入相应文字，如图12-26所示。

图 12-25　应用"投影"图层样式

图 12-26　输入相应文字

步骤 15 打开"文字 1.psd"素材图像，运用移动工具将其拖曳至背景图像编辑窗口中的合适位置，效果如图12-27所示。

步骤 16 打开"标志 .psd"素材图像，运用移动工具将其拖曳至背景图像编辑窗口中的合适位置，效果如图12-28所示。

图 12-27　拖曳文字素材　　　　　　　　图 12-28　拖曳标志素材

12.2　抖音平台个人名片设计

抖音，是一款可以拍摄短视频的音乐创意短视频社交软件，同时还开通了直播功能，因此成为很多自媒体创业者的内容运营平台。抖音新媒体平台运营的重点是对内提高粉丝的活跃和留存度，对外则获得传播和转化，主要是为了获得新用户和品牌塑造。

本实例主要介绍一张抖音个人名片的设计方法，最终效果如图 12-29 所示。

图 12-29　实例效果

扫一扫观看在线视频：

抖音平台个人名片设计

12.2.1　制作个人名片背景效果

下面介绍制作抖音个人名片背景效果的方法。

步骤 01 选择"文件"|"新建"命令，弹出"新建文档"对话框，设置各项参数，如图 12-30 所示，单击"创建"按钮，新建一个空白图像。

步骤 02 新建"图层 1"图层，设置前景色为绿色 (RGB 参数值分别为 207、220、40)，如图 12-31 所示。

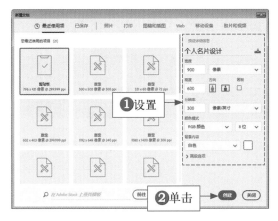

图 12-30　"新建文档"对话框

图 12-31　设置前景色

步骤 03 为"图层 1"图层填充前景色，如图 12-32 所示。

步骤 04 选取工具箱中的矩形选框工具，创建一个矩形选区，如图 12-33 所示。

图 12-32　填充前景色

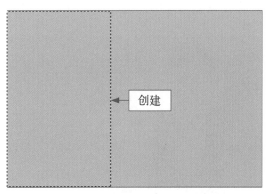

图 12-33　创建矩形选区

步骤 05 选取工具箱中的多边形套索工具，在工具属性栏中单击"从选区减去"按钮 ，减去相应的选区区域，如图 12-34 所示。

步骤 06 新建"图层 2"图层，设置前景色为深绿色 (RGB 参数值分别为 0、172、167)，为选区填充颜色，取消选区，效果如图 12-35 所示。

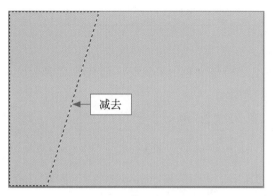

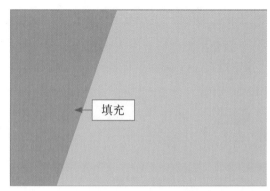

图 12-34　减去选区区域　　　　　　　图 12-35　填充颜色

专家指点

选区具有灵活操作性，可多次对选区进行编辑操作，以便得到满意的选区形状。

12.2.2　制作个人名片主体效果

下面介绍制作抖音个人名片主体效果的方法。

步骤 01 打开"人物 .jpg"素材图像，运用移动工具将其拖曳至背景图像编辑窗口中的合适位置，效果如图 12-36 所示。

步骤 02 按 Ctrl+T 组合键调出变换控制框，适当调整图像的大小和位置，并按 Enter 键确认，效果如图 12-37 所示。

图 12-36　拖曳人物素材　　　　　　　图 12-37　调整图像

步骤 03 选择"图像"|"调整"|"亮度 / 对比度"命令，弹出"亮度 / 对比度"对话框，设置"亮度"为 6，单击"确定"按钮，效果如图 12-38 所示。

步骤 04 打开"彩带 .psd"素材图像，运用移动工具将其拖曳至背景图像编辑窗口中的合适位置，效果如图 12-39 所示。

图 12-38　隐藏部分图像效果

图 12-39　拖曳彩带素材

步骤 05　将"图层4"图层拖曳至"图层3"图层的下方，调整图层顺序，效果如图 12-40 所示。

步骤 06　选取工具箱中的矩形工具，在工具属性栏中选择工具模式为"形状"，设置"填充"为无、"描边"为黑色、"描边宽度"为 5 像素，绘制一个矩形图形，如图 12-41 所示。

图 12-40　调整图层顺序

图 12-41　绘制矩形图形

步骤 07　将"矩形1"图层栅格化，选取工具箱中的橡皮擦工具，擦除右上角的部分边框，效果如图 12-42 所示。

步骤 08　选取工具箱中的多边形套索工具，在黑色矩形右上角创建一个多边形选区，如图 12-43 所示。

步骤 09　新建"图层5"图层，设置前景色为绿色 (RGB 参数值分别为 0、172、167)，如图 12-44 所示。

步骤 10　为选区填充前景色，并取消选区，效果如图 12-45 所示。

步骤 11　双击"图层5"图层，弹出"图层样式"对话框，选中"投影"复选框，其他参数设置如图 12-46 所示。

步骤 12　单击"确定"按钮，应用"投影"图层样式，效果如图 12-47 所示。

图 12-42　擦除部分边框

图 12-43　创建多边形选区

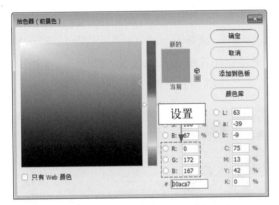

图 12-44　设置前景色

图 12-45　填充前景色

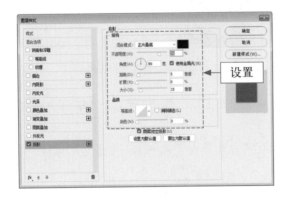

图 12-46　设置"投影"参数

图 12-47　应用"投影"图层样式

12.2.3　制作个人名片文字效果

下面介绍制作抖音个人名片文字效果的方法。

步骤 01 打开"装饰.psd"素材图像，运用移动工具将其拖曳至背景图像编辑窗口中的合适位置，效果如图 12-48 所示。

步骤 02 选取工具箱中的横排文字工具，在"字符"面板中设置"字体系列"为"方正大黑简体"、"字体大小"为 14 点、"设置行距"为 16 点、"颜色"为黑色，如图 12-49 所示。

图 12-48 拖曳装饰素材

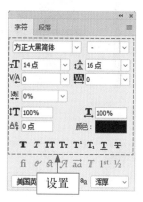

图 12-49 设置字符属性

步骤 03 在黑色边框内输入相应的文字内容，效果如图 12-50 所示。

步骤 04 将文字图层栅格化，选取工具箱中的矩形选框工具，在"手"字上创建一个选区，如图 12-51 所示。

图 12-50 输入文字

图 12-51 创建选区

步骤 05 按 Ctrl+T 组合键调出变换控制框，适当调整文字部分图像的大小，效果如图 12-52 所示。

步骤 06 按 Ctrl+D 组合键，取消选区，效果如图 12-53 所示。

步骤 07 选取工具箱中的横排文字工具，在"字符"面板中设置"字体系列"为"微软简行楷"、"字体大小"为 10 点、"颜色"为白色，输入相应文字，效果如图 12-54 所示。

步骤 08 选择"编辑"|"变换"|"斜切"命令，调出变换控制框，适当调整文字的形状并确认，如图 12-55 所示。

图 12-52　调整文字图像

图 12-53　取消选区

图 12-54　输入文字

图 12-55　调整文字形状

步骤 09 选取工具箱中的横排文字工具，在"字符"面板中设置"字体系列"为"微软雅黑"、"字体大小"为 5 点、"颜色"为白色，输入相应文字，效果如图 12-56 所示。

步骤 10 选择"编辑"|"变换"|"斜切"命令，调出变换控制框，适当调整文字的形状，效果如图 12-57 所示。

图 12-56　输入文字

图 12-57　调整文字形状

步骤 11 选取工具箱中的横排文字工具，在"字符"面板中设置"字体系列"为"微软

<<<<<

雅黑"、"字体大小"为 5 点、"颜色"为黑色，输入相应文字，效果如图 12-58 所示。

　　步骤 12 打开"文字 2.psd"素材图像，运用移动工具将其拖曳至背景图像编辑窗口中的合适位置，效果如图 12-59 所示。

图 12-58　输入文字

图 12-59　拖曳文字素材

第13章

音频平台：
荔枝宣传页与喜马拉雅课程页设计

知识导读

　　除了图文、短视频和直播等内容形式外，如果你的声音甜美，或者喜欢语音表达，也可以在音频新媒体平台上创建一个自己的电台节目，用声音吸引粉丝，成为声优，塑造个人品牌。本章主要介绍音频新媒体平台的界面设计。

本章重点导航

◎ 荔枝微课宣传页界面设计
◎ 喜马拉雅广播活动页设计

13.1 荔枝微课宣传页界面设计

荔枝微课是 个大众知识分享平台，能够提升用户各项技能素养。荔枝微课首创 PPT 语音同步直播，老师可以录制音频和视频内容，拥有强大的流量支撑，可以协助老师分销课程。

本实例主要是制作荔枝微课的课程页面，最终效果如图 13-1 所示。

图 13-1　实例效果

扫一扫观看在线视频：

荔枝微课宣传页设计

13.1.1　制作宣传页背景效果

下面介绍制作荔枝微课宣传页背景效果的方法。

步骤 01 按 Ctrl+O 组合键，打开一幅素材图像，如图 13-2 所示。

步骤 02 展开"图层"面板，按 Ctrl+J 组合键复制"背景"图层，得到"图层 1"图层，如图 13-3 所示。

步骤 03 选择"图像"|"调整"|"自然饱和度"命令，弹出"自然饱和度"对话框，设置"自然饱和度"为 50、"饱和度"为 13，单击"确定"按钮，效果如图 13-4 所示。

步骤 04 按 Ctrl+M 组合键，弹出"曲线"对话框，在曲线上单击鼠标左键，新建一个控制点，在下方设置"输入"为165、"输出"为145，单击"确定"按钮，效果如图13-5所示。

图13-2 打开素材图像

图13-3 得到"图层1"图层

图13-4 调整饱和度效果

图13-5 执行"曲线"调整效果

步骤 05 选择"图像"|"调整"|"亮度/对比度"命令，弹出"亮度/对比度"对话框，设置"对比度"为33，单击"确定"按钮，增强图像的对比度，效果如图13-6所示。

步骤 06 选择"滤镜"|"模糊"|"方框模糊"命令，弹出"方框模糊"对话框，设置"半径"为100像素，单击"确定"按钮，效果如图13-7所示。

图 13-6　增强图像的对比度

图 13-7　模糊图像

专家指点

应用"模糊"滤镜，可以使图像中清晰度或对比度较强烈的区域，产生模糊的效果。

13.1.2　制作宣传页主体效果

下面介绍制作荔枝微课的宣传页主体效果的方法。

步骤 01　选取工具箱中的圆角矩形工具，在工具属性栏中设置"填充"为白色 (RGB 参数值均为 255)、"描边"为无、"半径"为 25 像素，在图像编辑窗口中绘制一个圆角矩形，如图 13-8 所示。

步骤 02　展开"图层"面板，栅格化"圆角矩形 1"图层，并设置"不透明度"为 60%，效果如图 13-9 所示。

步骤 03　选取工具箱中的椭圆选框工具，在图像编辑窗口中绘制一个正圆选框，如图 13-10 所示。

步骤 04　按 Delete 键，删除选区内的图像，单击椭圆工具属性栏中的"新选区" □ 按钮，将选区移动至合适位置，如图 13-11 所示。

步骤 05　按 Delete 键，删除选区内的图像，并取消选区，效果如图 13-12 所示。

步骤 06　选取工具箱中的横排文字工具，在"字符"面板中设置"字体系列"为"方正细黑一简体"、"字体大小"为 10 点、"颜色"为灰色 (RGB 参数值均为 93)，激活仿粗体图标，如图 13-13 所示。

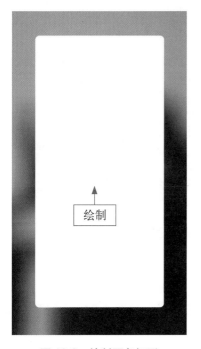

图 13-8　绘制圆角矩形

图 13-9　设置不透明度效果

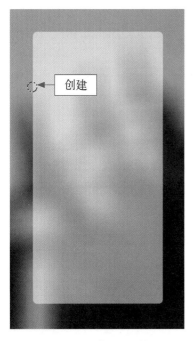

图 13-10　绘制正圆选框

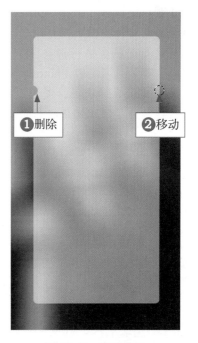

图 13-11　移动选区

图 13-12　取消选区

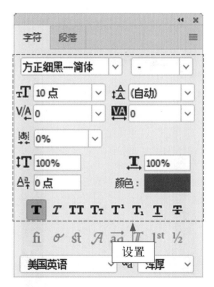

图 13-13　设置各参数

专家指点

　　　选区具有灵活操作性，可多次对选区进行编辑操作，以便得到满意的选区形状。用户在创建选区时，可以对选区进行多项修改，如移动选区、取消选区、重选选区、储存选区以及载入选区等。

　　　移动选区可以使用工具箱中的任何一种选框工具，是图像处理中最常用的操作方法。适当地对选区的位置进行调整，可以使图像更符合设计的要求。用户在编辑图像时，可以取消不需要的选区，在 Photoshop 中，当用户取消选区后，还可以利用"重新选择"命令，重选上次放弃的选区，灵活运用"重选选区"命令，能够大大提高工作的效率。在创建选区后，为了防止错误操作而造成选区丢失，用户可以先将该选区保存。

　　步骤 07 在图像编辑窗口中输入文字，移至合适位置，效果如图 13-14 所示。

　　步骤 08 选取工具箱中的矩形工具，在工具属性栏中设置"填充"为白色、"描边"为无，在图像编辑窗口中的适当位置绘制一个矩形图形，如图 13-15 所示。

　　步骤 09 选取多边形套索工具，在适当位置绘制一个三角形选区，如图 13-16 所示。

　　步骤 10 新建"图层 2"图层，设置前景色为灰色 (RGB 参数值均为 176)，为选区填充前景色并取消选区，如图 13-17 所示。

　　步骤 11 复制"图层 2"图层，得到"图层 2 拷贝"图层，水平翻转图像，并移至合适位置，效果如图 13-18 所示。

　　步骤 12 选取工具箱中的横排文字工具，在"字符"面板中设置"字体系列"为"方正—粗宋简体"、"字体大小"为 18 点、"行距"为 26 点、"设置所选字符的字距调整"为 -50、

"颜色"为蓝色(RGB 参数值分别为 46、156、211)，激活仿粗体图标，在图像编辑窗口中输入文字，如图 13-19 所示。

图 13-14　输入文字

图 13-15　绘制矩形

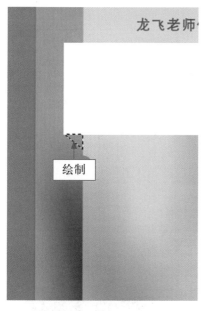

图 13-16　绘制三角形选区

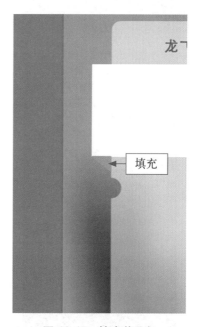

图 13-17　填充前景色

图 13-18　移动图像

图 13-19　输入文字

步骤 13 打开"课程主体 .psd"素材图像，运用移动工具将素材图像拖曳至背景图像编辑窗口中，适当调整图像的位置，效果如图 13-20 所示。

步骤 14 打开"标志 .psd"素材图像，运用移动工具将素材图像拖曳至背景图像编辑窗口中，适当调整图像的位置，效果如图 13-21 所示。

图 13-20　拖曳课程主体素材

图 13-21　拖曳标志素材

Photoshop 不仅可以支持多种图像的文件格式，还可以同时打开多个图像文件。若要在 Photoshop 中编辑一个图像文件，首先需要将其打开。选择"文件"|"打开"命令，弹出"打开"对话框，选择相应的素材图像，单击"确定"按钮，即可打开素材图像。

13.2 喜马拉雅广播活动页设计

喜马拉雅 FM 是国内音频分享平台，除了拥有海量的节目音频之外，还是音频创作者最集中、最活跃的平台。本实例主要介绍喜马拉雅 FM 平台中的一个与图书推广相关的广播活动页设计，最终效果如图 13-22 所示。

图 13-22　实例效果

扫一扫观看在线视频：

喜马拉雅活动广播页设计

13.2.1　制作广播活动页背景效果

下面介绍制作广播活动页背景效果的方法。

步骤 01　按 Ctrl+O 组合键，打开一幅素材图像，如图 13-23 所示。

步骤 02　展开"图层"面板，按 Ctrl+J 组合键复制"背景"图层，得到"图层 1"图层；

设置图层的混合模式为"叠加"，效果如图 13-24 所示。

图 13-23　打开素材图像

图 13-24　得到"图层 1"图层

步骤 03　选择"窗口"|"调整"命令，展开"调整"面板，单击"色彩平衡"按钮，新建"色彩平衡 1"调整图层，如图 13-25 所示。

步骤 04　在展开的"属性"面板中设置各参数值分别为 26、-10、+12，如图 13-26 所示。

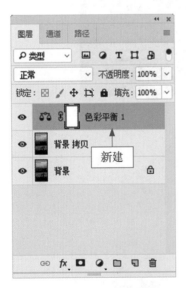

图 13-25　新建调整图层

图 13-26　设置各参数

💬 专家指点

"色彩平衡"命令主要通过对处于高光、中间调及阴影区域中的指定颜色进行增加或减少，来改变图像的整体色调。

- 色彩平衡：分别显示了"青色与红色""洋红与绿色""黄色与蓝色"这3对互补的颜色，每一对颜色中间的滑块可以控制各主要色彩的增减。
- 色调：可以选择性地调整图像颜色的阴影、中间调和高光区域。
- 保持明度：选中该复选框，图像像素的亮度值不变，只有颜色值发生变化。

步骤 05 执行操作后，此时图像编辑窗口中的效果随之变化，如图 13-27 所示。

步骤 06 在"调整"面板单击"自然饱和度"按钮，新建"自然饱和度 1"调整图层，在展开的"属性"面板中设置"自然饱和度"为 62，效果如图 13-28 所示。

图 13-27 调整后的图像效果

图 13-28 调整饱和度效果

步骤 07 按Shift+Ctrl+Alt+E组合键，盖印可见图层，得到"图层 2"图层，选择"滤镜"|"模糊画廊"|"光圈模糊"命令，进入编辑界面，调整光圈的大小与位置，如图 13-29 所示。

步骤 08 单击"确定"按钮，应用"光圈模糊"滤镜，效果如图 13-30 所示。

💬 专家指点

光圈模糊，顾名思义就是用类似相机的镜头来对焦，焦点周围的图像会相应地模糊。

图 13-29　调整光圈的大小与位置

图 13-30　图像模糊效果

13.2.2　制作广播活动页文字效果

下面介绍制作广播活动页文字效果的方法。

步骤 01 选取工具箱中的横排文字工具，在"字符"面板中设置"字体系列"为"方正大黑简体"、"字体大小"为18点、"设置所选字符的字距调整"为–75、"颜色"为黑色(RGB参数值均为0)，激活仿粗体图标，如图 13-31 所示。

步骤 02 在图像编辑窗口中输入文字，移至合适位置，效果如图 13-32 所示。

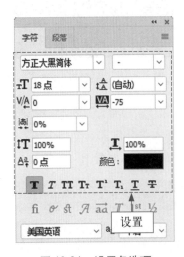

图 13-31　设置各选项

图 13-32　输入文字

步骤 03 复制刚刚输入的文字，并将其移动至合适位置，在"字符"面板中，设置"字体系列"为"Adobe 黑体 Std"、"设置所选字符的字距调整"为 –50，颜色为黑色，运用横排文字工具修改文本内容，效果如图 13-33 所示。

步骤 04 选取工具箱中的横排文字工具，在"字符"面板中设置"字体系列"为"方正粗倩简体"、"字体大小"为 13 点、"颜色"为白色 (RGB 参数值均为 255)，在图像编辑窗口中输入文字，效果如图 13-34 所示。

图 13-33　修改文本内容

图 13-34　输入文字

步骤 05 选择相应文字图层，在缩览图中单击鼠标右键，在弹出的快捷菜单中选择"混合选项"命令，如图 13-35 所示。

步骤 06 打开"图层样式"对话框，选中"描边"复选框，设置"大小"为 5 像素、"颜色"为黄色 (RGB 参数值分别为 241、226、47)，如图 13-36 所示。

步骤 07 单击"确定"按钮，即可为文字添加"描边"图层样式，效果如图 13-37 所示。

步骤 08 在"字符"面板中设置"字体系列"为"方正粗倩简体"、"字体大小"为 15 点、"颜色"为白色 (RGB 参数值均为 255)，并激活仿粗体图标，在图像编辑窗口中输入相应字符，效果如图 13-38 所示。

步骤 09 打开"文字 .psd"素材图像，运用移动工具将素材图像拖曳至背景图像编辑窗口中，适当调整图像的位置，效果如图 13-39 所示。

步骤 10 打开"标志 .psd"素材图像，运用移动工具将素材图像拖曳至背景图像编辑窗口中，适当调整图像的位置，效果如图 13-40 所示。

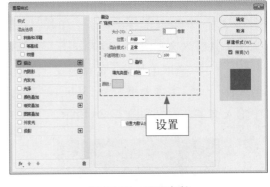

图 13-35　选择"混合选项"命令

图 13-36　设置参数

图 13-37　添加图层样式

图 13-38　输入字符

图 13-39　拖曳文字素材

图 13-40　拖曳标志素材

第14章

直播平台：主播推广与游戏直播设计

知识导读

　　如今，新媒体平台已经不能满足互联网内容的需求，很多独特的内容创业者开始寻找新的渠道来展示内容，其中视频直播平台被他们看中，成为火热的内容平台。视频可以让内容立体化呈现，拥有比文字、图片等内容形式更强的吸引力。本章主要介绍视频直播类的新媒体视觉设计方法。

本章重点导航

◎ YY 主播横幅推广设计

◎ 虎牙游戏直播页面设计

14.1 YY 主播横幅推广设计

从 YY 开始直播至今，直播市场已经经历了 7 年多的发展历程，尤其是 2013 年的游戏直播兴起，互联网上涌现了一大批直播平台。如今，直播行业进入了发展的高峰期，同时直播主播类人物 IP 也正式形成了一套完善的输出产业链，当然这其中也少不了视觉的包装。例如，本实例介绍的就是一个 YY 直播平台的主播顶部横幅广告设计。

本实例最终效果如图 14-1 所示。

图 14-1　实例效果

扫一扫观看在线视频：

YY 主播横幅设计

14.1.1　制作横幅广告主体效果

下面详细介绍制作 YY 主播横幅广告主体效果的方法。

步骤 01　按 Ctrl+O 组合键，打开"背景 .jpg"素材图像，如图 14-2 所示。

步骤 02　按 Ctrl+O 组合键，打开"主播 .psd"素材图像，运用移动工具将素材图像拖曳至背景图像编辑窗口中，适当调整图像的位置，效果如图 14-3 所示。

图 14-2　打开背景素材

图 14-3　拖曳人物素材

步骤 03 移动图像至合适位置，适当放大图像，效果如图 14-4 所示。

步骤 04 按 Ctrl+O 组合键，打开"兔子耳朵 .psd"素材图像，运用移动工具将素材图像拖曳至背景图像编辑窗口中，适当调整图像的位置，效果如图 14-5 所示。

💬 专家指点

用户在 Photoshop 中处理图像时，为了充分利用编辑窗口的空间，就必须要调整面板的大小。在 Photoshop 中编辑图像时，用户可以根据个人的习惯随意移动面板，或者调整面板的大小。

图 14-4 调整图像大小和位置

图 14-5 拖曳装饰素材

14.1.2 制作横幅广告文字效果

下面详细介绍制作 YY 主播横幅广告文字效果的方法。

步骤 01 选取工具箱中的横排文字工具，在"字符"面板中设置"字体系列"为"方正综艺简体"、"字体大小"为 98 点、"设置所选字符的字距调整"为 200、"颜色"为棕色 (RGB 参数值分别为 202、121、0)，在图像编辑窗口中输入主体文字，如图 14-6 所示。

步骤 02 选择"图层"|"图层样式"|"描边"命令，弹出"图层样式"对话框，设置"大小"为 5 像素、"颜色"为白色 (RGB 参数值均为 255)，如图 14-7 所示。

💬 专家指点

"图层样式"可以为当前图层添加特殊效果，如投影、内阴影、外发光以及浮雕等样式，在不同的图层中应用不同的图层样式，可以使整幅图像更加富有真实感和突出性。

步骤 03 选中"投影"复选框，设置"不透明度"为 66%、"角度"为 90 度、"距离"为 6 像素、"扩展"为 45%、"大小"为 8 像素，如图 14-8 所示。

步骤 04 单击"确定"按钮，即可为文字添加图层样式，效果如图 14-9 所示。

输入

图 14-6 输入主体文字

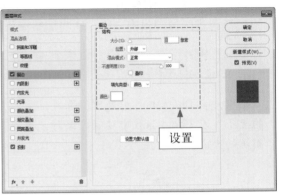

设置

图 14-7 设置"描边"图层样式

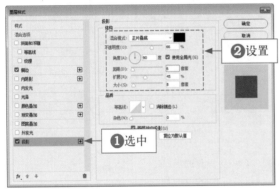

❷设置

❶选中

图 14-8 设置"投影"图层样式

图 14-9 添加图层样式效果

步骤 05 按住 Ctrl 键的同时单击文字图层的图层缩览图，载入选区，如图 14-10 所示。

步骤 06 选择"选择"|"修改"|"扩展"命令，弹出"扩展选区"对话框，设置"扩展量"为 12 像素，单击"确定"按钮，即可扩展选区，如图 14-11 所示。

图 14-10 载入选区

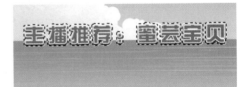

图 14-11 扩展选区

步骤 07 设置前景色为深青色 (RGB 参数值分别为 7、175、188)，新建一个图层，并为选区填充前景色，如图 14-12 所示。

步骤 08 按 Ctrl+D 组合键，取消选区，将图层调整至文字图层下方，并适当调整图像的位置，效果如图 14-13 所示。

图 14-12 填充前景色 　　　　　　　　　　　　图 14-13 调整图层顺序

步骤 09 选取工具箱中的横排文字工具，在"字符"面板中设置"字体系列"为"方正卡通简体"、"字体大小"为 72 点、"设置所选字符的字距调整"为 200、"颜色"为淡黄色 (RGB 参数值分别为 239、255、167)，在图像编辑窗口中输入文字，如图 14-14 所示。

步骤 10 单击"图层"面板底部的"添加图层样式"按钮，在弹出的快捷菜单中选择"投影"选项，弹出"图层样式"对话框，设置"不透明度"为 75%、"角度"为 90 度、"距离"为 4 像素、"大小"为 4 像素，如图 14-15 所示。

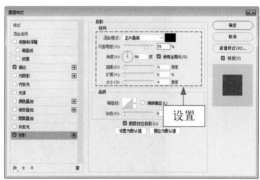

图 14-14 输入文字 　　　　　　　　　　　　图 14-15 设置"投影"参数

步骤 11 选中"描边"复选框，设置"大小"为 2 像素、"颜色"为棕色 (RGB 参数值分别为 100、49、0)，单击"确定"按钮，即可为文字添加图层样式，如图 14-16 所示。

步骤 12 复制刚刚输入的文字，将其移动至合适位置，运用横排文字工具修改文本内容，效果如图 14-17 所示。

🗨 专家指点

通过复制与粘贴图层样式，可以减少重复操作。在操作时，首先选择包含要复制的图层样式的源图层，在该图层的图层名称上单击鼠标右键，在弹出的快捷菜单中选择"拷贝图层样式"选项，即可拷贝图层样式。

<table>
<tr><td>图 14-16　添加图层样式效果</td><td>图 14-17　修改文本内容</td></tr>
</table>

14.2　虎牙游戏直播页面设计

在制作游戏直播间时，先运用图层样式制作出紫色立体的边框，再用椭圆工具绘制出多个圆形，拖入头像与装饰素材，最后添加适当说明性文字，即可完成设计。

本实例最终效果如图 14-18 所示。

图 14-18　实例效果

扫一扫观看在线视频：

虎牙游戏直播界面设计

14.2.1　制作游戏直播页面主体效果

下面详细介绍制作游戏直播间主体的方法。

步骤 01 选择"文件"|"新建"命令，弹出"新建文档"对话框，设置"名称"为"游戏直播间"、"宽度"为 1920 像素、"高度"为 1080 像素、"分辨率"为 300 像素 / 英寸、"颜

色模式"为"RGB 颜色"、"背景内容"为"白色"，如图 14-19 所示，单击"创建"按钮，新建一个空白图像。

步骤 02 在"图层"面板中新建"图层 1"图层，并为图层填充深蓝色 (RGB 参数值分别为 56、105、160)，效果如图 14-20 所示。

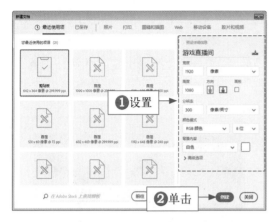

图 14-19 新建空白文档　　　　　　　　　　　图 14-20 填充深蓝色

步骤 03 选取工具箱中的圆角矩形工具，在工具属性栏中设置"选择工具模式"为"形状"、"填充"为无、"描边"为黄色 (RGB 参数值分别为 255、200、59)、"描边宽度"为 12 像素、"半径"为 20 像素，在图像编辑窗口中绘制一个圆角矩形图形，如图 14-21 所示。

步骤 04 双击"圆角矩形 1"图层，弹出"图层样式"对话框，选中"投影"复选框，设置"不透明度"为 75%、"角度"为 90 度、"距离"为 3 像素、"扩展"为 20%、"大小"为 10 像素，单击"确定"按钮，即可添加投影图层样式，如图 14-22 所示。

💬 专家指点

当用户只需要复制原图像中的某个图层样式时，可以在"图层"面板中按住 Alt 键的同时，单击鼠标左键并拖曳这个图层样式至目标图层中即可。

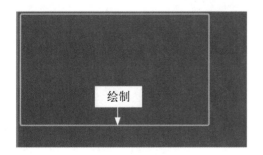

图 14-21 绘制圆角矩形　　　　　　　　　　图 14-22 添加投影图层样式

专家指点

当用户只需要复制原图像中的某个图层样式时，可以在"图层"面板中按住 Alt 键的同时，单击鼠标左键并拖曳这个图层样式至目标图层中即可。

步骤 05　按 Ctrl+O 组合键，打开"游戏界面 .jpg"素材图像，运用移动工具将素材图像拖曳至背景图像编辑窗口中，适当调整图像的位置，效果如图 14-23 所示。

步骤 06　选择"图像"|"调整"|"自然饱和度"命令，弹出"自然饱和度"对话框，设置"自然饱和度"为 50、"饱和度"为 10，单击"确定"按钮，增加画面的色彩饱和度，效果如图 14-24 所示。

图 14-23　拖曳游戏界面素材

图 14-24　图像效果

14.2.2　制作游戏直播页面细节效果

下面详细介绍制作游戏直播间细节效果的方法。

步骤 01　选取工具箱中的椭圆工具，在工具属性栏中设置"填充"为深蓝色 (RGB 参数值分别为 80、4、173)、"描边"为无，在图像编辑窗口中绘制一个椭圆形状，如图 14-25 所示。

步骤 02　复制"椭圆 1"图层，得到"椭圆 1 拷贝"图层，按 Ctrl+T 组合键，调出变换控制框，按住 Shift+Alt 组合键的同时拖曳控制框四周的控制柄，从中心等比例缩小图像，如图 14-26 所示。

图 14-25　绘制椭圆选框

图 14-26　从中心等比例缩小图像

步骤 03　按 Enter 键确认变换，展开"属性"面板，设置"填充"为紫色 (RGB 参数值分别为 107、23、225)，效果如图 14-27 所示。

步骤 04 按 Ctrl+O 组合键，打开"主播头像 .psd"素材图像，运用移动工具将其拖曳至背景图像编辑窗口中，适当调整图像的大小与位置，效果如图 14-28 所示。

图 14-27 设置"填充"颜色

图 14-28 拖曳主播头像素材

步骤 05 选取工具箱中的横排文字工具，在"字符"面板中设置"字体系列"为"Adobe 黑体 Std"、"字体大小"为 14 点、"颜色"为玫红色 (RGB 参数值分别为 231、39、241)，选中"椭圆 1 拷贝"图层，图像中会显示"椭圆 1 拷贝"的路径，在合适位置单击鼠标左键，确定插入点。输入相应文字，并按 Ctrl+Enter 组合键确认输入，如图 14-29 所示。

步骤 06 双击文字图层，弹出"图层样式"对话框，选中"描边"复选框，设置"大小"为 5 像素、"颜色"为白色 (RGB 参数值均为 255)，如图 14-30 所示。

图 14-29 输入文字

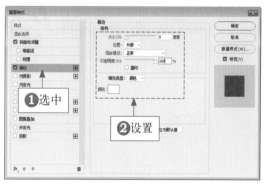

图 14-30 设置"描边"参数

专家指点

　　路径是 Photoshop 中的强大功能之一，它是基于贝塞尔曲线建立的矢量图形，所有使用矢量绘图软件或矢量绘图制作的线条，原则上都可以称为路径。路径是通过钢笔工具或形状工具创建出的直线和曲线，因此，无论路径缩小或放大都不会影响其分辨率，保持原样。

　　椭圆工具 ◉ 可以绘制椭圆或圆形图形，其使用方法与矩形工具的操作方法相同，只是绘制的形状不同。

专家指点

在 Photoshop 中，文字具有极为特殊的属性，当用户输入相应文字后，文字表现为一个文字图层，文字图层具有与普通图层不一样的可操作性。例如，在文字图层中无法使用画笔工具、铅笔工具、渐变工具等工具，只能对文字进行变换、改变颜色等有限的操作，当用户对文字图层使用上述工具操作时，则需要将文字栅格化。

步骤 07 选中"斜面和浮雕"复选框，保持默认设置即可，单击"确定"按钮，为文字添加相应图层样式，效果如图 14-31 所示。

步骤 08 按 Ctrl+O 组合键，打开"文字 .psd"素材图像，运用移动工具将素材图像拖曳至背景图像编辑窗口中，适当调整图像的位置，效果如图 14-32 所示。

图 14-31　添加相应图层样式　　　　图 14-32　拖曳文字素材

第 15 章

淘宝网店：
店铺海报与详情装修设计

知识导读

　　随着新媒体和内容营销的迅速崛起，如何在电商运营中利用视觉营销提高品牌、店铺和产品的知名度并创造利润？这个问题是淘宝、天猫运营者关注的重点，也是难点。本章主要介绍电商平台的新媒体美工设计案例。

本章重点导航

◎ 美妆网店海报设计
◎ 厨具网店详情页设计

15.1   美妆网店海报设计

本案例是为美妆网店设计的首页欢迎模块。在画面的配色中借鉴商品的色彩，并通过大小和外形不同的文字来表现店铺的主题内容，使用同一色系的颜色来提升画面的品质，能够使设计的整体效果更加协调统一。

本实例最终效果如图 15-1 所示。

图 15-1   实例效果

扫一扫观看在线视频：

美妆网店海报设计

15.1.1   制作纯色渐变效果

下面介绍制作美妆网店首页纯色渐变背景效果的方法。

步骤 01 选择"文件"|"新建"命令，弹出"新建文档"对话框，设置"名称"为"美妆网店海报设计"、"宽度"为 800 像素、"高度"为 500 像素、"分辨率"为 300 像素/英寸、"颜色模式"为"RGB 颜色"、"背景内容"为"白色"，如图 15-2 所示，单击"创建"按钮，新建一个空白图像。

步骤 02 选取工具箱中的渐变工具，设置渐变色为红色到白色，设置 0% 位置为红色(RGB 参数值分别为 247、36、67)、100% 位置为白色 (RGB 参数值均为 255)，如图 15-3 所示。

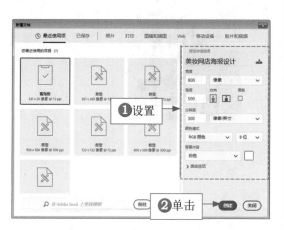

图 15-2　新建一个空白图像

图 15-3　设置渐变色

步骤 03 在"图层"面板中，新建"图层 1"图层，如图 15-4 所示。

步骤 04 在工具属性栏中单击"线性渐变"按钮，在图像上拖曳鼠标填充渐变色，如图 15-5 所示。

图 15-4　新建"图层 1"图层

图 15-5　填充渐变色

步骤 05 按 Ctrl+O 组合键，打开"商品 1.psd"素材图像，运用移动工具将素材图像拖曳至背景图像编辑窗口中的合适位置，如图 15-6 所示。

步骤 06 选择"图像"|"调整"|"亮度/对比度"命令，弹出"亮度/对比度"对话框，设置"亮度"为10、"对比度"为–23，单击"确定"按钮，效果如图15-7所示。

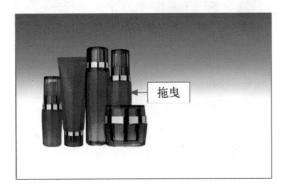

图 15-6 拖曳商品素材

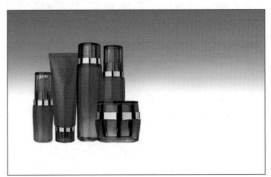

图 15-7 调整亮度和对比度饱和度效果

专家指点

"自然饱和度"命令可以调整整幅图像或单个颜色的饱和度和亮度值。
- 色相：色相是各类颜色的相貌称谓，用于改变图像的颜色。可通过在该数值框中输入数值或拖动滑块来调整。
- 饱和度：饱和度是指色彩的鲜艳程度，也称为色彩的纯度。设置数值越大，色彩越鲜艳，数值越小，就越接近黑白图像。

步骤 07 复制"商品1"图层，将其进行垂直翻转并调整至合适位置，效果如图15-8所示。

步骤 08 为复制的图层添加图层蒙版，并填充白色到黑色的线性渐变，设置图层的"不透明度"为30%，制作倒影效果，如图15-9所示。

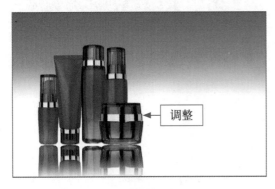

图 15-8 复制并调整素材图像

图 15-9 制作倒影效果

15.1.2　制作海报文字效果

网店卖家使用横排文字工具给商品添加解释说明，可以让买家更了解商品。下面详细介绍制作美妆网店首页文案的方法。

步骤 01 按 Ctrl+O 组合键，打开"装饰.psd"素材图像，运用移动工具将素材图像拖曳至背景图像编辑窗口中的合适位置，如图 15-10 所示。

步骤 02 选取工具箱中的渐变工具，设置渐变色为深红色到浅红，位置 0% 为深红色 (RGB 参数值分别为 180、0、42)、位置 24% 为浅红色 (RGB 参数值分别为 235、0、49)、位置 55% 为深红色 (RGB 参数值分别为 180、0、42)、位置 78% 为浅红色 (RGB 参数值分别为 235、0、49)、位置 100% 为深红色 (RGB 参数值分别为 180、0、42)，锁定"装饰"图层的透明像素，在工具属性栏中单击"线性渐变"按钮，在图像上拖曳鼠标填充渐变色，效果如图 15-11 所示。

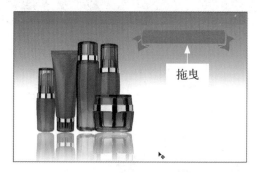

图 15-10　拖曳素材装饰

图 15-11　填充渐变色

步骤 03 运用横排文字工具在图像编辑窗口输入相应文字，设置"字体系列"为"方正中倩简体"、"字体大小"为 6.5 点、"颜色"为白色，效果如图 15-12 所示。

步骤 04 运用横排文字工具在图像编辑窗口中输入相应文字，设置"字体系列"为"方正黑体简体"、"字体大小"为 5 点、"颜色"为白色。选择工具箱中的直线工具，设置"描边"为 2 像素、"填充"为无，在文字上绘制一条直线，效果如图 15-13 所示。

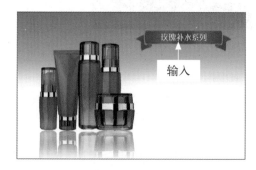

图 15-12　输入相应文字

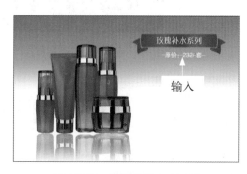

图 15-13　选取横排文字工具

步骤 05 按 Ctrl+O 组合键，打开"文字 1.psd"素材图像，运用移动工具将素材图像拖曳至背景图像编辑窗口中的合适位置，如图 15-14 所示。

步骤 06 按 Ctrl+O 组合键，打开"玫瑰花 .jpg"素材图像，运用移动工具将素材图像拖曳至背景图像编辑窗口中的合适位置，放置在"图层 1"的上面，然后选择橡皮擦工具，设置"硬度"为 0%、"不透明度"为 36%，擦除部分图像，效果如图 15-15 所示。

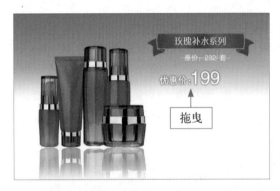

图 15-14　拖曳文字素材

图 15-15　拖曳玫瑰花素材

步骤 07 按 Ctrl+O 组合键，打开"水花 .png"素材图像，运用移动工具将素材图像拖曳至背景图像编辑窗口中，适当调整图像的大小和位置，如图 15-16 所示。

图 15-16　最终效果

15.2　厨具网店详情页设计

本案例是为某品牌的厨具店铺设计的平底锅商品主图，在制作的过程中使用了鲜艳的背景图片进行修饰，添加"赠品"促销方案，以及简单的广告词来突出产品优势。

本实例最终效果如图 15-17 所示。

图 15-17　实例效果

扫一扫观看在线视频：

厨具网店详情页设计

15.2.1　制作网店详情页主体效果

下面介绍制作厨具网店主图主体效果的方法。

步骤 01　选择"文件"|"新建"命令，弹出"新建文档"对话框，设置"名称"为"厨具网店详情页设计"、"宽度"为 722 像素、"高度"为 722 像素、"分辨率"为 72 像素 / 英寸、"颜色模式"为"RGB 颜色"、"背景内容"为"白色"，单击"创建"按钮，新建一个空白图像，如图 15-18 所示。

步骤 02　按 Ctrl+O 组合键，打开"商品 2.jpg"素材图像，运用移动工具将商品图像拖曳至背景图像编辑窗口中，如图 15-19 所示。

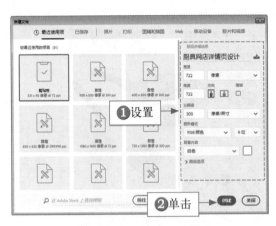

图 15-18　新建空白文档　　　　　　　　图 15-19　添加商品素材

15.2.2　制作网店详情页文字效果

给商品主图添加文字说明，可以增强主图的视觉效果。下面介绍制作厨具网店主图文字宣传效果的方法。

步骤 01　选择工具箱中的矩形工具，在工具属性栏中设置"填充"为红色 (RGB 值分别为 255、0、0)，"描边"为无，绘制一个矩形框，如图 15-20 所示。

步骤 02　选取工具箱中的横排文字工具，选择"窗口"|"字符"命令，弹出"字符"面板，设置"字体系列"为"方正黑体简体"、"字体大小"为 55 点、"设置所选字符的字距调整"为 200、"颜色"为白色 (RGB 参数值均为 255)，激活仿粗体图标；在商品图像的右上方输入相应的文字，如图 15-21 所示。

图 15-20　绘制矩形框　　　　　　　　图 15-21　输入文字

步骤 03 选择工具箱中的横排文字工具，展开"字符"面板，设置"字体系列"为"方正粗宋简体"、"字体大小"为 42 点、"颜色"设置为红色 (RGB 参数值分别为 255、0、0)，在左上方输入相应的文字，如图 15-22 所示。

步骤 04 选择工具箱中的圆角矩形工具，设置填充颜色为红色 (RGB 参数值分别为 255、0、0)、"描边"为无、"半径"为 15 像素，绘制一个圆角矩形，如图 15-23 所示。

图 15-22　输入文字

图 15-23　绘制圆角矩形框

步骤 05 复制圆角矩形图像 2 次，并适当地调整各图像的位置，如图 15-24 所示。

步骤 06 使用横排文字工具在图像编辑窗口中的合适位置单击鼠标左键并确认插入点，展开"字符"面板，设置"字体系列"为"微软雅黑"、"字体大小"为 25 点、"颜色"为白色 (RGB 参数值均为 255)、"设置所选字符的字距调整"为 200，输入相应的文字，如图 15-25 所示。

图 15-24　复制矩形

图 15-25　输入相应的文字

步骤 07 按 Ctrl+O 组合键，打开"商品 3.psd"素材图像，运用移动工具将其拖曳至背景图像编辑窗口中，并调整图像的大小和位置，如图 15-26 所示。

步骤 08 选择工具箱中的椭圆工具，在工具属性栏中设置"选择工具模式"为"形状"、设置"填充"为红色 (RGB 参数值分别为 255、24、24)、"描边"为无，按住 Shift 键，绘制一个正圆图形，效果如图 15-27 所示。

图 15-26 拖曳素材

图 15-27 绘制正圆

步骤 09 选取工具箱中的横排文字工具，展开"字符"面板，设置"字体系列"为"方正粗宋简体"、"字体大小"为 46 点、"颜色"为黄色 (RGB 值分别为 246、233、19)，输入相应的文字，根据需要适当地调整文字的位置，如图 15-28 所示。

步骤 10 按 Ctrl+O 组合键，打开"价格框 .psd"素材图像，运用移动工具将素材图像拖曳至背景图像编辑窗口中的合适位置，如图 15-29 所示。

图 15-28 输入文字

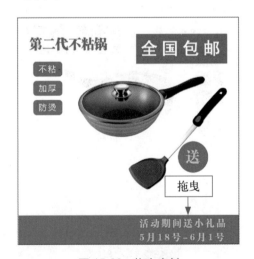

图 15-29 拖曳素材

<<<<<

步骤 11 选择工具箱中的圆角矩形工具,设置"描边"为无、"半径"为30像素、"颜色"为黄色 (RGB 参数值分别为 246、179、19),在图像编辑窗口绘制一个价格框,效果如图 15-30 所示。

步骤 12 按 Ctrl+O 组合键,打开"文字 2.psd"素材图像,运用移动工具将其拖曳至背景图像编辑窗口中,并调整图像至合适的位置,如图 15-31 所示。

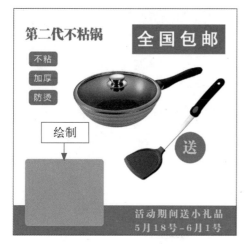

图 15-30　绘制价格框

图 15-31　拖曳"文字"素材

第16章

天猫平台：
商场广告与书籍推广页设计

知识导读

　　新媒体广告设计主要是将广告的主题、创意、语言文字、形象以及衬托等要素进行组合安排，通过广告来达到吸引用户眼球的目的，从而实现引流吸粉、推广产品和品牌的目标。本章主要介绍海报、推广页等广告设计案例。

本章重点导航

◎ 天猫商场广告设计
◎ 摄影书籍推广页设计

16.1 天猫商场广告设计

本实例设计的是一幅天猫旗舰店的商场主页宣传海报，海报是一种比较直接、灵活的广告宣传形式，它是产品销售活动中的最后一个环节，能在商品销售的现场营造出良好的商业氛围，引起消费冲动，产生购买欲。

本实例最终效果如图 16-1 所示。

图 16-1　实例效果

扫一扫观看在线视频：

天猫商场广告设计

16.1.1　制作海报背景效果

下面介绍制作百货海报背景的效果方法。

步骤 01 按 Ctrl+O 组合键，打开一幅素材图像，如图 16-2 所示。

步骤 02 按 Ctrl+O 组合键，打开"沙漠 .jpg"素材图像，运用移动工具将其拖曳至背景图像编辑窗口中的合适位置，如图 16-3 所示。

步骤 03 在"图层"面板中，设置"图层 1"图层的"混合模式"为"溶解"、"不透明度"为 25%，效果如图 16-4 所示。

步骤 04 为"图层 1"图层添加一个图层蒙版，并填充黑色，隐藏部分图像效果，如图 16-5 所示。

步骤 05 按 Ctrl+O 组合键，打开"光带 .psd"素材图像，运用移动工具将其拖曳至背景图像编辑窗口中的合适位置，效果如图 16-6 所示。

<<<<<

步骤 06 按 Ctrl+O 组合键，打开"边框 .psd"素材图像，运用移动工具将其拖曳至背景图像编辑窗口中的合适位置，如图 16-7 所示。

图 16-2　打开素材文件

图 16-3　拖入素材图像

图 16-4　设置混合模式

图 16-5　添加图层蒙版

图 16-6　拖入素材图像

图 16-7　拖入素材图像

在选取海报广告的素材时，要有一定的创意，同时可利用这些装饰素材作为突破口，直击消费者的核心需求。

16.1.2　制作海报主体效果

下面介绍制作百货海报主体效果的方法。

步骤 01　按 Ctrl+O 组合键，打开"礼品 .psd"素材图像，运用移动工具将其拖曳至背景图像编辑窗口中的合适位置，效果如图 16-8 所示。

步骤 02　按 Ctrl+O 组合键，打开"花朵装饰 .psd"素材图像，运用移动工具将其拖曳至背景图像编辑窗口中的合适位置，效果如图 16-9 所示。

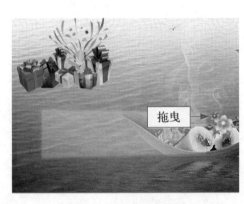

图 16-8　拖入素材图像　　　　　　　　　　　　图 16-9　拖入素材图像

步骤 03　新建"图层 6"，在图层面板中拖曳至"图层 4"下方，前景色设置为黑色 (RGB 参数值均为 0)，选择工具箱中的画笔工具，"不透明度"设置为 41%、"硬度"设置为 0%，在图像编辑窗口涂抹创建阴影，效果如图 16-10 所示。

步骤 04　按 Ctrl+O 组合键，打开"写字 .psd"素材图像，运用移动工具将其拖曳至背景图像编辑窗口中的合适位置，为该图层添加图层蒙版，运用黑色的画笔工具在图像上涂抹，隐藏部分图像，效果如图 16-11 所示。

步骤 05　选取工具箱中的横排文字工具，在图像上单击鼠标左键，确定插入点，设置"字体"为"华康海报体"、"字体大小"为 20 点、"颜色"为白色 (RGB 参数值均为 255)，输入相应的文字，效果如图 16-12 所示。

步骤 06　选择"端午"与"优惠"文字，更改"字体大小"为 38 点，并将文字适当旋转角度，效果如图 16-13 所示。

步骤 07　双击文字图层，弹出"图层样式"对话框，选中"投影"复选框，设置"角度"为 120 度、"距离"为 7 像素、"扩展"为 20%、"大小"为 10 像素、"不透明度"
为 75%，单击"确定"按钮，为文字图层添加"投影"样式，效果如图 16-14 所示。

步骤 08 按 Ctrl+O 组合键，打开"文字 .psd"素材图像，运用移动工具将其拖曳至背
景图像编辑窗口中的合适位置，效果如图 16-15 所示。

图 16-10　创建阴影

图 16-11　拖入素材图像

图 16-12　输入文字

图 16-13　调整文字角度和大小

图 16-14　添加图层样式

图 16-15　最终效果

16.2 摄影书籍推广页设计

本案例是一个天猫商场的摄影书籍推广页设计，在制作的过程中使用简单的背景图片进行修饰，添加"用手机如何拍出大片"促销方案以及简单的广告词来突出产品优势。

在制作天猫推广页设计时，先运用滤镜制作出有纹理效果的背景，再添加相应的素材与人物，最后加上适当的文字即可完成设计。

本实例最终效果如图 16-16 所示。

图 16-16　实例效果

扫一扫观看在线视频：

摄影书籍推广页设计

16.2.1　制作推广页主体效果

下面介绍制作推广页主体效果的方法。

步骤 01　按 Ctrl+N 组合键，弹出"新建文档"对话框，设置"名称"为"摄影书籍推广页面设计"、"宽度"为1920像素、"高度"为1080像素、"分辨率"为300像素/英寸、"颜色模式"为"RGB 颜色"、"背景内容"为"白色"，如图 16-17 所示，单击"创建"按钮，新建一个空白图。

步骤 02　展开"图层"面板，新建"图层 1"图层，如图 16-18 所示。

<<<<

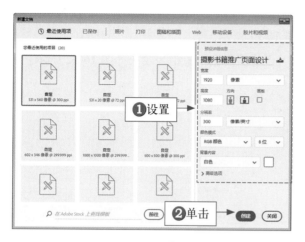

图 16-17　新建空白文档

图 16-18　新建"图层 1"图层

步骤 03 设置前景色为浅灰色 (RGB 参数值均为 217)，为"图层 1"图层填充前景色，如图 16-19 所示。

步骤 04 选择"滤镜"|"杂色"|"添加杂色"命令，弹出"添加杂色"对话框，设置"数量"为 10%，选中"高斯分布"单选按钮和"单色"复选框，单击"确定"按钮，如图 16-20 所示，为图像添加杂色。

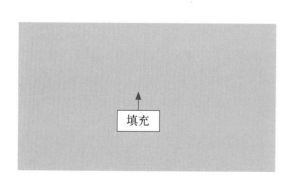

图 16-19　填充前景色

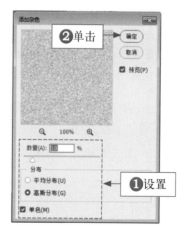

图 16-20　设置滤镜参数

💬 **专家指点**

"杂色"滤镜添加或移去杂色或带有随机分布色阶的像素，这有助于将选区混合到周围的像素中，"杂色"滤镜可创建与众不同的纹理或移去有问题的区域，如灰尘和划痕。

步骤 05 选择"滤镜"|"模糊"|"动感模糊"命令，弹出"动感模糊"对话框，设置"角度"为90度、"距离"为2000像素，如图16-21所示。

步骤 06 单击"确定"按钮，即可应用"动感模糊"滤镜，效果如图16-22所示。

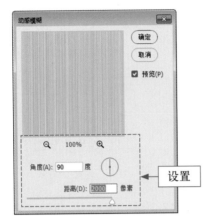

图 16-21　设置各选项　　　　　　　　　　　　　图 16-22　应用滤镜

专家指点

　　"动感模糊"可以根据制作效果的需要沿指定方向、以指定强度模糊图像，该对话框的各主要选项含义如下。

● "角度"：用来设置模糊的方向。可以直接输入数值，也可以拖动指针调整角度。

● "距离"：用来设置像素移动的距离。

步骤 07 选择"滤镜"|"滤镜库"命令，打开滤镜库，选择"调色刀"滤镜，设置"描边大小"为38、"描边细节"为2、"软化度"为3，如图16-23所示。

步骤 08 单击"确定"按钮，即可应用"调色刀"滤镜，效果如图16-24所示。

图 16-23　设置各选项　　　　　　　　　　　　　图 16-24　应用滤镜

步骤 09 选择"图像"|"调整"|"曲线"命令，弹出"曲线"对话框，在曲线上单击鼠标左键新建一个控制点，在下方设置"输入"为95、"输出"为146，如图 16-25 所示。

步骤 10 单击"确定"按钮，调整图像亮度，效果如图 16-26 所示。

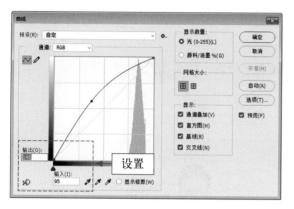

图 16-25 设置各选项

图 16-26 调整亮度

专家指点

"曲线"命令调节曲线的方式，可以对图像的亮调、中间调和暗调进行适当调整，而且只对某一范围的图像进行色调的调整，它相较于"色阶"，可以通过在曲线上添加多个控制点的方式，更加精准地调节图像亮度。

步骤 11 按 Ctrl+O 组合键，打开"三角形 .psd"素材图像，运用移动工具将素材图像拖曳至背景图像编辑窗口中，适当调整图像的位置，效果如图 16-27 所示。

步骤 12 按 Ctrl+O 组合键，打开"讲师 .psd"素材图像，运用移动工具将素材图像拖曳至背景图像编辑窗口中，适当调整图像的位置，效果如图 16-28 所示。

图 16-27 拖曳图像

图 16-28 拖曳图像

16.2.2 制作推广页文字效果

下面介绍制作推广页文字效果的方法。

步骤 01 选取工具箱中的横排文字工具,在"字符"面板中设置"字体系列"为"Adobe 黑体 Std"、"字体大小"为 24 点、"行距"为 30 点、"字体颜色"为蓝色 (RGB 参数值分别为 22、118、255),如图 16-29 所示。

步骤 02 在图像编辑窗口中输入文字,移至合适位置,效果如图 16-30 所示。

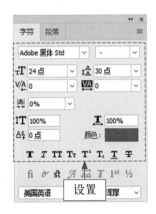

图 16-29 设置各选项

图 16-30 输入文字

步骤 03 选取工具箱中的直线工具,在工具属性栏中设置"选择工具模式"为"形状"、"填充"为蓝色 (RGB 参数值分别为 22、118、255)、"粗细"为 15 像素,绘制一个直线形状,效果如图 16-31 所示。

步骤 04 双击"形状 1"图层,弹出"图层样式"对话框,选中"投影"复选框,设置"角度"为 90 度、"距离"为 14 像素、"扩展"为 4%、"大小"为 24 像素、"不透明度"为 46%,单击"确定"按钮,为形状图层添加"投影"样式,效果如图 16-32 所示。

图 16-31 绘制直线

图 16-32 添加图层样式

步骤 05 选取工具箱中的横排文字工具,在"字符"面板中设置"字体系列"为"方正细黑一简体"、"字体大小"为 16 点、"行距"为 18、"字体颜色"为蓝色 (RGB 参数值分别为 22、118、255),在图像编辑窗口中输入文字,效果如图 16-33 所示。

步骤 06 按 Ctrl+O 组合键，打开"书籍 1.psd"素材图像，如图 16-34 所示

图 16-33　输入文字

图 16-34　打开书籍素材

步骤 07 选择"图像"|"调整"|"曲线"命令，弹出"曲线"对话框，在曲线上单击鼠标左键新建一个控制点，在下方设置"输入"为 106、"输出"为 185，如图 16-35 所示。

步骤 08 单击"确定"按钮，应用效果如图 16-36 所示。

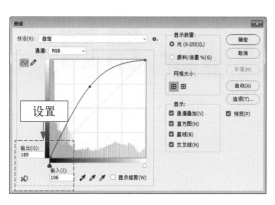

图 16-35　设置各选项

图 16-36　调整亮度

步骤 09 运用移动工具将其拖曳至背景图像编辑窗口中的合适位置，适当地调整大小，效果如图 16-37 所示。

步骤 10 按 Ctrl+O 组合键，打开"书籍 2.psd"素材图像，如图 16-38 所示。

步骤 11 选择"图像"|"调整"|"曲线"命令，弹出"曲线"对话框，在曲线上单击鼠标左键新建一个控制点，在下方设置"输入"为 106、"输出"为 185，单击"确定"按钮，应用效果如图 16-39 所示。

步骤 12 运用移动工具将其拖曳至背景图像编辑窗口中的合适位置，适当地调整大小，效果如图 16-40 所示。

图 16-37　拖曳素材图像

图 16-38　打开素材图像

图 16-39　调整亮度

图 16-40　拖曳图像

第17章

微店平台：
店铺广告与产品广告设计

知识导读

　　微商店铺的应用领域在逐步扩大，应用形式也越来越广泛，并深入到生活中的各个方面。因此，本章将重点讲解如何设计自己的微商店铺，使店铺在众多的微商店铺中表现出自己独有的特色。

本章重点导航

◎ 美食微店广告设计
◎ 数码产品广告设计
◎ 图书微店界面设计

17.1 美食微店广告设计

在进行美食微店广告设计时，应体现食物具有诱惑力的原则。本实例讲解如何通过添加产品素材，变换图像、添加文字等技巧，增强美食微店的宣传广告效果。

本实例最终效果如图 17-1 所示。

图 17-1　实例效果

扫一扫观看在线视频：

美食微店广告设计

17.1.1　店招主体制作效果

在进行店招设计时，运用滤镜制作的背景图像，加上适当的文字，可使整个画面显得更简洁清爽。

步骤 01　按 Ctrl+N 组合键，弹出"新建文档"对话框，设置"名称"为"美食微店广告设计"、"宽度"为 1080 像素、"高度"为 1400 像素、"分辨率"为 300 像素 / 英寸、"颜色模式"为"RGB 颜色"、"背景内容"为"白色"，如图 17-2 所示，单击"创建"按钮，新建一个空白图像。

步骤 02 按 Ctrl+O 组合键，打开"店招背景 .jpg"素材图像，如图 17-3 所示。

步骤 03 选择"窗口"|"调整"命令，打开"调整"面板，在"调整"面板中单击"亮度 / 对比度"按钮，如图 17-4 所示。

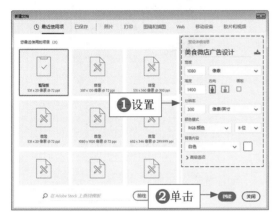

图 17-2　新建空白文档

图 17-3　素材图像

步骤 04 新建"亮度 / 对比度 1"调整图层，在展开的"属性"面板中设置"亮度"为 35、"对比度"为 21，如图 17-5 所示。

图 17-5　设置参数

图 17-4　单击"亮度 / 对比度"按钮

步骤 05 在"调整"面板中单击"自然饱和度"按钮，新建"自然饱和度 1"调整图层，在"属性"面板中设置"自然饱和度"为 50，效果如图 17-6 所示。

步骤 06 按 Shift+Ctrl+Alt+E 组合键，盖印可见图层，得到"图层 1"图层，如图 17-7 所示。

图 17-6　图像效果

图 17-7　得到"图层 1"图层

步骤 07 执行"滤镜"|"像素化"|"彩块化"命令，将图像转化为小的彩块，效果如图 17-8 所示。

步骤 08 选择"滤镜"|"模糊"命令，弹出"高斯模糊"对话框，"半径"设置为 5 像素，如图 17-9 所示。

图 17-8　将图像转化为小的彩块

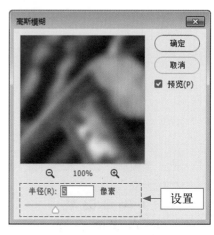

图 17-9　设置半径

步骤 09 单击"确定"按钮，即可应用"模糊"滤镜，制作出模糊的背景，效果如图 17-10 所示。

步骤 10 运用移动工具将素材图像拖曳至背景图像编辑窗口中，适当调整图像的大小和位置，效果如图 17-11 所示。

图 17-10 应用"模糊"滤镜

拖曳并调整

图 17-11 拖曳并调整图像

专家指点

滤镜是一种插件模块，能够对图像中的像素进行操作，也可以模拟一些特殊的光照效果或带有装饰性的纹理效果。Photoshop 提供了多种滤镜，使用这些滤镜，用户无需耗费大量的时间和精力就可以快速制作出云彩、马赛克、模糊、素描、光照以及各种扭曲效果。

滤镜是 Photoshop 的重要组成部分，它就像是一个魔术师。很难想象，如果没有滤镜，Photoshop 是否会成为图像处理领域的领先软件。因此滤镜对于每一个使用 Photoshop 的用户而言，都具有很重要的意义。滤镜可能是作品的润色剂，也可能是作品的腐蚀剂，到底扮演什么角色，取决于操作者如何正确使用滤镜。

步骤 11 选取工具箱中的矩形选框工具，在图像编辑窗口中的适当位置绘制一个矩形选框，如图 17-12 所示，设置前景色为白色 (RGB 参数值均为 255)。

步骤 12 新建一个图层，为选区填充白色并取消选区，设置图层的"不透明度"为76%，效果如图 17-13 所示。

绘制

图 17-12 绘制矩形选框

填充

图 17-13 填充白色

17.1.2 店招字体制作效果 ⟳

下面详细介绍店招字体制作效果的方法。

步骤 01 选取工具箱中的矩形工具，在工具属性栏中设置"填充"为无、"描边"为白色 (RGB 参数值均为 255)、"描边宽度"为 15 像素，在图像编辑窗口中的适当位置绘制一个矩形图形，设置"不透明度"为 80%，如图 17-14 所示。

步骤 02 选取工具箱中的横排文字工具，在"字符"面板中设置"字体系列"为"Adobe 黑体 std"、"字体大小"为 18 点、"设置所选字符的字距调整"为 75、"颜色"为棕色 (RGB 参数值分别为 160、117、41)，并激活仿粗体图标，在图像编辑窗口中输入文字，如图 17-15 所示。

图 17-14　绘制矩形图形

图 17-15　输入文字

步骤 03 复制刚刚输入的文字，移至合适位置，在"字符"面板中设置"大小"为 11 点、"设置所选字符的字距调整"为 25、"颜色"为咖啡色 (RGB 参数值分别为 155、85、24)，并修改文字内容，如图 17-16 所示。

步骤 04 选取工具箱中的矩形工具，在工具属性栏中设置"选择工具模式"为"形状"、"填充"为白色 (RGB 参数值均为 255)、"描边"为灰色 (RGB 参数值均为 83)、"描边宽度"为 1 像素，在图像编辑窗口中的适当位置绘制一个矩形图形，如图 17-17 所示。

图 17-16　修改文字内容

图 17-17　绘制矩形

<<<<<

专家指点

矩形工具 ▣ 主要用于创建矩形或正方形图形,用户还可以在工具属性栏进行相应选项的设置,也可以设置矩形的尺寸、固定宽高比例等。

步骤 05 按 Ctrl+O 组合键,打开"标志按钮素材 .psd"素材图像,运用移动工具将素材图像拖曳至背景图像编辑窗口中,适当调整图像的位置,效果如图 17-18 所示。

步骤 06 选取工具箱中的横排文字工具,在"字符"面板中设置"字体系列"为"方正细黑—简体"、"字体大小"为 15 点、"设置所选字符的字距调整"为 –50、"颜色"为深灰色 (RGB 参数值均为 30),在图像编辑窗口中输入文字,如图 17-19 所示。

图 17-18　拖曳图像

图 17-19　输入文字

步骤 07 复制刚刚输入的文字,移动至合适位置,在"字符"面板中设置"字体大小"为 11 点、"设置所选字符的字距调整"为 –100、"颜色"为灰色 (RGB 参数值均为 153),运用横排文字工具修改文本内容,如图 17-20 所示。

步骤 08 选取工具箱中的横排文字工具,在"字符"面板中设置"字体系列"为"方正细黑—简体"、"字体大小"为 10 点、"行距"为 11 点、"设置所选字符的字距调整"为 –100、"颜色"为灰色 (RGB 参数值均为 100),在图像编辑窗口中输入文字,如图 17-21 所示。

专家指点

微店装修要把握一个度,能用表格和字体的加粗以及颜色解决的问题,尽量不要用图片,这样你的店的访问速度就会完全不受影响了。

店铺装修得漂亮,确实能更多地吸引买家的眼球,但我们要清楚一点,店铺的装饰别抢了商品的风头,毕竟我们是为了卖产品而不是秀店铺,弄得太多太乱反而会喧宾夺主。

图 17-20　修改文本内容

图 17-21　输入文字

步骤 09 选中除"背景"图层外的所有图层，按 Ctrl+G 组合键，为图层编组，得到"组 1"图层组，如图 17-22 所示。

步骤 10 按 Ctrl+O 组合键，打开"微店界面 1.jpg"素材图像，切换至背景图像编辑窗口，运用移动工具将图层组的图像拖曳至刚打开的图像编辑窗口中，适当调整图像的位置，效果如图 17-23 所示。

图 17-22　得到"组 1"图层组

图 17-23　拖曳并调整图像

17.2　数码产品广告设计

在设计数码产品宣传广告时，应体现通俗化、大众化的原则。本实例通过添加产品素材，变换图像、添加文字和应用图层样式等技巧增强了单反相机数码产品的宣传广告效果。

本实例最终效果如图 17-24 所示。

图 17-24　实例效果

扫一扫观看在线视频：

数码产品广告设计

17.2.1　制作数码产品广告主体效果

下面详细介绍制作数码产品广告主体效果的方法。

步骤 01 按 Ctrl+O 组合键，打开一幅素材图像，如图 17-25 所示。

步骤 02 新建"亮度 / 对比度 1"调整图层，展开"属性"面板，设置"亮度"为 42，提高图像亮度，效果如图 17-26 所示。

专家指点

不同的店铺色调，会给顾客不一样的感觉，合适的店铺色彩不但可以激发顾客的购买欲，同时可以提高商品的水准，店主应该如何选择主色调呢？

一般来说，暖色系是很容易亲近的色系，例如红、黄等色，这比较适合年轻阶层光顾的店铺；同色系中，粉红、鲜红、鹅黄色等是女性喜好的色彩，适合妇女用品店及婴幼儿服饰店等产品华丽的高级店铺；冷色系有端庄肃穆的感觉，适合高档商务男装店铺使用。

图 17-25　打开素材图像

图 17-26　提高图像亮度

步骤 03 选择"滤镜"|"模糊"命令，弹出"高斯模糊"对话框，"半径"设置为 10 像素，如图 17-27 所示。

步骤 04 单击"确定"按钮，即可应用"模糊"滤镜，制作出模糊的背景，效果如图 17-28 所示。

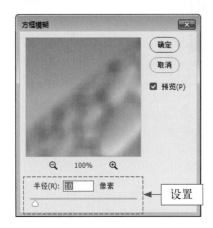

图 17-27　设置滤镜参数

图 17-28　应用滤镜

步骤 05 按 Ctrl+O 组合键，打开"手机 .psd"素材图像，如图 17-29 所示。

步骤 06 运用移动工具将素材图像拖曳至背景图像编辑窗口中，适当调整图像的位置，如图 17-30 所示。

步骤 07 双击"图层 1 拷贝"图层，弹出"图层样式"对话框，选中"投影"复选框，设置投影颜色为黑色 (RGB 值均为 255)，各选项设置如图 17-31 所示。

步骤 08 单击"确定"按钮，应用图层样式，效果如图 17-32 所示。

步骤 09 在"图层面板"中，新建"图层 2"图层，如图 17-33 所示。

步骤 10 选择工具箱中的画笔工具，在工具属性栏中设置"画笔大小"为 70 像素、"硬度"为 0%、"不透明度"为 41%，在手机的下方涂抹添加黑色的阴影，效果如图 17-34 所示。

图 17-29　打开素材

图 17-30　拖曳素材

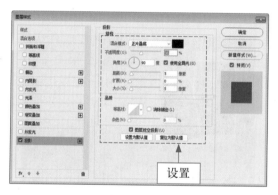

图 17-31　设置各项参数

图 17-32　应用图层样式

图 17-33　新建"图层2"图层

图 17-34　创建阴影

专家指点

　　图层可以看作是一张独立的透明胶片，其中每张胶片上都绘有图像，将所有的胶片按"图层"面板中的排列次序，自上而下进行叠加，最上层的图像遮住下层同一位置的图像，而在其透明区域则可以看到下层的图像，最终通过叠加得到完整的图像。

17.2.2　制作数码产品广告文字效果

　　下面介绍制作数码产品广告文字效果的方法。

　　步骤 01　按 Ctrl+O 组合键，打开"文字 .psd"素材图像，运用移动工具将素材图像拖曳至背景图像编辑窗口中，适当调整图像的位置，效果如图 17-35 所示。

　　步骤 02　选取工具箱中的椭圆工具，在工具属性栏中设置"填充"为红色 (RGB 参数值分别为 255、0、0)、"描边"为无，按 Shift 键在图像编辑窗口中绘制一个正圆形，如图 17-36 所示。

图 17-35　打开文字素材

图 17-36　绘制正圆图形

专家指点

　　网上做买卖，最主要的是如何把自己的商品信息准确地传递给顾客，让顾客光顾自己的店铺。图片传递的只是商品的样式和颜色的信息，对于性能、材料、售后服务，买家一概不知，所以这些内容需要通过文字的描述来告诉买家。

　　步骤 03　选取工具箱中的横排文字工具，在"字符"面板中设置"字体系列"为"Adobe 黑体 Std"、"字体大小"为 8 点、"颜色"为白色 (RGB 参数值均为 255)，如图 17-37 所示。

　　步骤 04　在图像编辑窗口中输入文字，效果如图 17-38 所示。

　　步骤 05　按 Ctrl+O 组合键，打开"充电宝 .psd"素材图像，运用移动工具将素材图像拖曳至背景图像编辑窗口中，适当调整图像的位置，效果如图 17-39 所示。

　　步骤 06　选取工具箱中的圆角矩形工具，在工具属性栏中设置"填充"为红色 (RGB 参

数值分别为255、0、0)、"描边"为无、"半径"为10像素，在图像编辑窗口中绘制一个
圆角矩形，如图17-40所示。

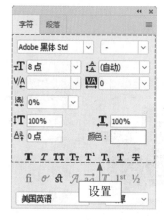

图 17-37　设置字符面板

图 17-38　输入文字

图 17-39　拖曳素材

图 17-40　绘制圆角矩形

步骤 07 双击"圆角矩形1"图层，弹出"图层样式"对话框，选中"投影"复选框，"投影"颜色设置为黑色(RGB参数值均为0)，各选项设置如图17-41所示。

步骤 08 单击"确定"按钮，应用图层样式，效果如图17-42所示。

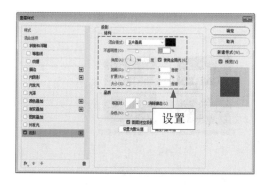

图 17-41　设置"描边"参数

图 17-42　应用图层样式

步骤 09 选取工具箱中的横排文字工具,在"字符"面板中设置"字体系列"为"方正细黑一简体"、"字体大小"为 7.5 点、"颜色"为白色 (RGB 参数值均为 255)、"行距"为 8.2 点、"设置所选字符的字距调整"为 –100,激活仿粗体图标,如图 17-43 所示。

步骤 10 在图像编辑窗口中输入文字,效果如图 17-44 所示。

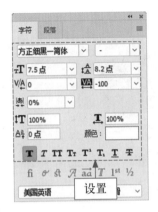

图 17-43　设置"字符"面板

图 17-44　输入文字

17.3 图书微店界面设计

在制作图书微店界面时,首先制作出顶部的横幅广告,再用多张精美的图片制作出展示区,并添上说明性文字,即可完成设计。

本实例最终效果如图 17-45 所示。

图 17-45　实例效果

扫一扫观看在线视频：

图书微店界面设计

17.3.1　制作微店横幅广告效果

下面详细介绍制作微店横幅广告效果的方法。

步骤 01 选择"文件"|"新建"命令，弹出"新建文档"对话框，设置各选项如图 17-46 所示，单击"创建"按钮，新建一个空白图像。

步骤 02 按 Ctrl+O 组合键，打开"横幅广告背景 .jpg"素材图像，运用移动工具将素材图像拖曳至背景图像编辑窗口中，适当调整图像的位置，效果如图 17-47 所示。

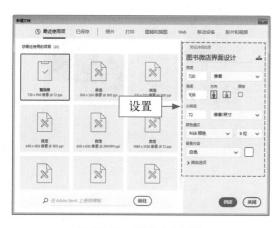

图 17-46　新建空白图像

图 17-47　拖曳图像

步骤 03 选取工具箱中的横排文字工具，在"字符"面板中设置"字体系列"为"方正大黑简体"、"字体大小"为 50 点、"颜色"为浅蓝色 (RGB 参数值分别为 0、114、255)，在图像编辑窗口中输入文字，如图 17-48 所示。

步骤 04 在"图层 1"图层上方新建一个图层，选取椭圆选框工具，在工具属性栏中设置"羽化"为 10 像素，在图像编辑窗口中绘制一个椭圆选框，效果如图 17-49 所示。

步骤 05 设置前景色为黄色 (RGB 参数值分别为 221、173、84)，为选区填充前景色并取消选区，效果如图 17-50 所示。

步骤 06 按 Ctrl+O 组合键，打开"微店装饰 .psd"素材图像，运用移动工具将素材图像拖曳至背景图像编辑窗口中，适当调整图像的位置，效果如图 17-51 所示。

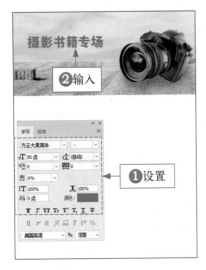

图 17-48 输入文字

图 17-49 绘制椭圆选框

图 17-50 取消选区

图 17-51 拖曳装饰素材

17.3.2 制作店铺商品展示效果

下面详细介绍制作店铺商品展示效果的方法。

步骤 01 选取工具箱中的矩形工具，设置"填充"为浅灰色 (RGB 参数值均为 238)，绘制一个矩形图形，效果如图 17-52 所示。

步骤 02 选取工具箱中的横排文字工具，在"字符"面板中设置"字体系列"为"微软雅黑"、"字体大小"为 30 点、"颜色"为黑色，在图像编辑窗口中输入文字，效果如图 17-53 所示。

图 17-52　绘制矩形

图 17-53　输入文本

专家指点

　　微店想要吸引顾客，必须从店铺装修入手，优化店铺界面。漂亮的店铺可以让买家在购物的同时，享受精美的界面带来的愉悦感；同时让买家较长时间地停留在店铺，增加购买的可能性，打造销量猛增的微店旺铺。

　　步骤 03 运用横排文字工具选择"店铺首页"文字，在"字符"面板中设置"颜色"为红色 (RGB 参数值分别为 235、35、35)，效果如图 17-54 所示。

　　步骤 04 选取工具箱中的直线工具，设置"填充"为红色 (RGB 参数值分别为 235、35、35)、"粗细"为 3 像素，绘制一条直线图形，效果如图 17-55 所示。

图 17-54　调整文字颜色

图 17-55　绘制直线

步骤 05 选取工具箱中的直线工具，设置"填充"为红色 (RGB 参数值分别为 235、35、35)、"粗细"为 8 像素，绘制一条竖直的直线图形，效果如图 17-56 所示。

步骤 06 按 Ctrl+O 组合键，打开"商品展示区 .psd"素材图像，运用移动工具将素材图像拖曳至背景图像编辑窗口中，适当调整图像的位置，效果如图 17-57 所示。

图 17-56 绘制直线

图 17-57 拖曳商品素材

第18章

微商平台：
微商朋友圈广告设计

知识导读

　　随着新媒体和内容营销的迅速崛起，如何在电商运营中利用视觉营销提高品牌、店铺和产品的知名度并创造利润？这一点是微商朋友圈运营者关注的重点，也是难点。本章主要介绍电商平台的新媒体美工设计案例。

本章重点导航

◎ 潮流休闲鞋广告设计
◎ 珠宝首饰产品广告设计

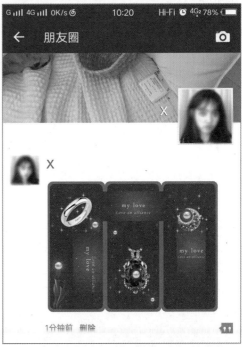

18.1 潮流休闲鞋广告设计

本案例是针对微商朋友圈平台设计的休闲鞋广告,在制作的过程中使用充满活力感的强对比色背景图片进行修饰,添加促销方案以及简单的广告词来突出产品优势。

本实例最终效果如图 18-1 所示。

 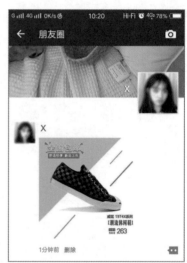

图 18-1 实例效果

扫一扫观看在线视频:

潮流休闲鞋广告设计

18.1.1 制作微商朋友圈广告背景效果

下面主要通过运用裁剪工具、"亮度 / 对比度"命令来制作微商朋友圈广告的背景效果。

步骤 01 按 Ctrl+O 组合键,打开一幅素材图像,如图 18-2 所示。

步骤 02 在工具箱中,选取裁剪工具,如图 18-3 所示。

步骤 03 在工具属性栏中的"选择预设长宽比或裁剪尺寸"列表框中选择"1 : 1(方形)"选项,如图 18-4 所示。

步骤 04 执行操作后,在图像中会显示 1 : 1 的方形裁剪框,如图 18-5 所示。

步骤 05 调整裁剪的区域,按 Enter 键确认裁剪图像,如图 18-6 所示。

步骤 06 选择"图像"|"调整"|"亮度 / 对比度"命令,弹出"亮度 / 对比度"对话框,设置"亮度"为 10、"对比度"为 15,单击"确定"按钮,即可增强主图背景的对比效果,效果如图 18-7 所示。

图 18-2　打开素材图像

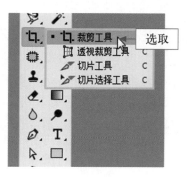

图 18-3　选取裁剪工具

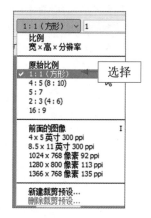

图 18-4　选择"1：1(方形)"选项

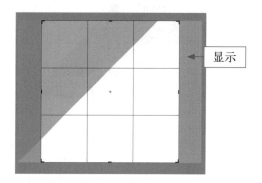

图 18-5　显示方形裁剪框

图 18-6　确认裁剪图像

图 18-7　增强主图背景的对比效果

18.1.2　制作微商朋友圈广告商品效果

下面主要运用移动工具、复制图层、魔棒工具、旋转命令等，制作帆布鞋网店主图的商品图像效果。

步骤 01 按 Ctrl+O 组合键，打开一幅商品素材图像，如图 18-8 所示。

步骤 02 按 Ctrl+J 组合键，复制一个新图层，隐藏"背景"图层，如图 18-9 所示。

步骤 03 在工具箱中，选取魔棒工具，在工具属性栏中设置"容差"为 6，在图像的白色区域单击鼠标左键，即可创建选区，如图 18-10 所示。

步骤 04 按 Delete 键，删除选区内的部分图像，去除白色背景图像，如图 18-11 所示。

图 18-8 打开素材图像

图 18-9 复制一个新图层

图 18-10 创建选区

图 18-11 删除选区

步骤 05 先取消选区，然后在工具箱中，选取移动工具，将抠取的鞋子图像拖曳至背景图像的编辑窗口中，如图 18-12 所示。

步骤 06 按 Ctrl+T 组合键，调出变换控制框，适当地调整图像的大小和位置，如图 18-13 所示。

图 18-12　拖曳图像

图 18-13　调整图像

18.1.3　制作微商朋友圈广告文案效果

下面介绍制作微商朋友圈广告文案效果的方法。

步骤 01　在"图层"面板下方，单击"创建新图层"按钮，新建"图层 2"图层，如图 18-14 所示。

步骤 02　在工具箱中选取矩形工具，在工具属性栏中设置"拾色器 (填充颜色)"为绿色 (RGB 参数值分别为 0、153、68)，如图 18-15 所示。

图 18-14　新建"图层 2"图层

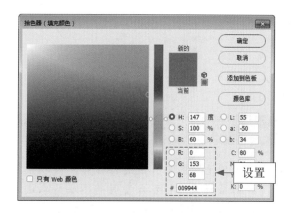

图 18-15　设置填充颜色

步骤 03　在黄色背景部分的合适位置，绘制一个矩形图像，如图 18-16 所示。

步骤 04　在"图层"面板中，使用鼠标左键双击"矩形 1"图层，弹出"图层样式"对话框，选中"投影"复选框,设置"不透明度"为29%、"距离"为3像素、"大小"为3像素,如图18-17所示。

图 18-16 绘制矩形

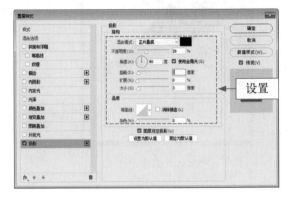

图 18-17 设置参数

步骤 05 单击"确定"按钮,即可为矩形添加投影效果,如图18-18所示。

步骤 06 在工具箱中选取横排文字工具,设置"字体"为"黑体"、"字体大小"为5点、"颜色"为白色(RGB参数值均为255),激活仿粗体图标,如图18-19所示。

图 18-18 添加投影效果

图 18-19 设置参数

💬 专家指点

正确地对图层样式进行操作,可以使用户在工作中更方便地查看和管理图层样式。隐藏图层样式后,可以暂时将图层样式进行清除,也可以重新显示。而删除图层样式,则是将图层中的图层样式进行彻底清除,无法还原。

步骤 07 输入相应的文字,按Ctrl+Enter组合键确认输入,切换至移动工具,根据需要适当地调整文字的位置,效果如图18-20所示。

步骤 08 新建一个图层,在工具箱中选取横排文字工具,设置"字体"为"方正大黑简体"、"字体大小"为 12 点、"颜色"为黑色 (RGB 参数值均为 0)，激活仿粗体图标，如图 18-21 所示。

图 18-20　输入并调整文字

图 18-21　设置参数

步骤 09 输入文字"全国包邮"，按 Ctrl+Enter 组合键确认输入，切换至移动工具，根据需要适当地调整文字的位置，效果如图 18-22 所示。

步骤 10 双击"全国包邮"文字图层，弹出"图层样式"对话框，选中"图案叠加"复选框，选择叠加图案，如图 18-23 所示。

图 18-22　输入并调整文字

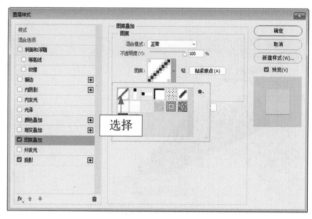

图 18-23　选择叠加图案

💬 专家指点

　　由于朋友圈图片广告的区域不大，因此在其中添加文字和图片元素时，一定要注意颜色和字体的协调，不可滥用过多的颜色和字体，以免消费者产生视觉疲劳。例如，很多微商喜欢采用非常艳丽的颜色来吸引消费者眼球，这种设计看上去虽然很有视觉冲击力，其实很难提升商品的转化率。

步骤 11 选中"投影"复选框,设置"不透明度"为37%、"距离"为5像素、"大小"为5像素,如图18-24所示。

步骤 12 单击"确定"按钮,即可完成对文字的设置,如图18-25所示。

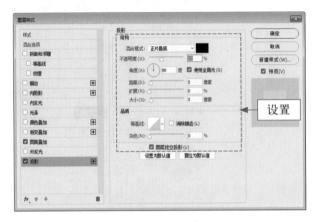

图 18-24 设置参数

图 18-25 查看效果

步骤 13 按Ctrl+O组合键,打开"文字.psd"素材图像,运用移动工具将其拖曳至背景图像编辑窗口中的合适位置,效果如图18-26所示。

步骤 14 按Ctrl+O组合键,打开"斜线.psd"素材图像,运用移动工具将其拖曳至背景图像编辑窗口中的合适位置,效果如图18-27所示。

图 18-26 拖曳文字素材

图 18-27 拖曳斜线素材

18.2 珠宝首饰产品广告设计

在新媒体商务活动中,画册在企业形象推广和产品营销中的作用越来越重要。本实例制作的是一个珠宝企业小程序的画册广告，为了增强顾客高档、享受等体验，在设计时使用了一些独特的元素来体现珠宝的品质。

本实例最终效果如图 18-28 所示。

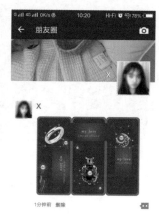

图 18-28　实例效果

扫一扫观看在线视频：

珠宝首饰产品广告设计

18.2.1　制作珠宝广告背景效果

珠宝画册背景以红色为整体色调，并在其中添加了各种金色和银色的珠宝饰品素材，真正地体现出一种高贵感，具体操作方法如下。

步骤 01 按 Ctrl+O 组合键，打开一幅素材图像，如图 18-29 所示。

步骤 02 按 Ctrl+O 组合键，打开"飘带.psd"素材，使用移动工具将素材图像拖曳至背景图像编辑窗口中，效果如图 18-30 所示。

步骤 03 双击"飘带"图层，在弹出的对话框中选中"外发光"复选框，设置"发光颜色"RGB 参数值分别为 255、255、190，设置其他参数如图 18-31 所示。

步骤 04 设置完毕后，单击"确定"按钮，为图像添加图层样式，效果如图 18-32 所示。

步骤 05 按 Ctrl+O 组合键，打开"珠宝.psd"素材，使用移动工具将素材图像拖曳至背景图像编辑窗口中，效果如图 18-33 所示。

步骤 06 双击"珠宝"图层，在弹出的对话框中选中"外发光"复选框，设置"发光颜色"RGB 参数值分别为 255、255、190，再设置其他参数如图 18-34 所示。

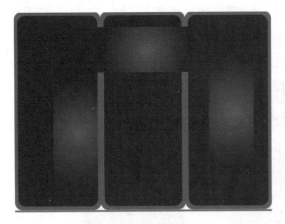

图 18-29 打开素材图像

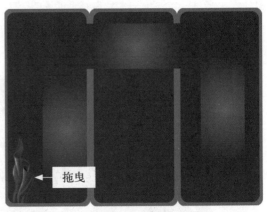

图 18-30 拖曳飘带素材

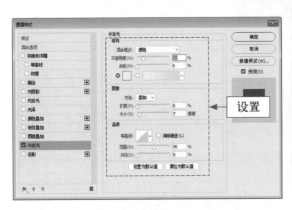

图 18-31 "图层样式"对话框

图 18-32 添加图层样式

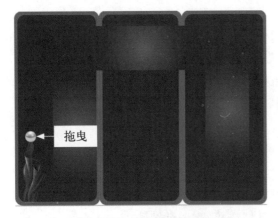

图 18-33 拖曳珠宝素材

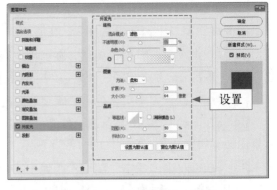

图 18-34 "图层样式"对话框

步骤 07 设置完毕后,单击"确定"按钮,为图像添加图层样式,效果如图 18-35 所示。

步骤 08 复制珠宝图像多次，并适当地调整各图像的位置和大小，效果如图 18-36 所示。

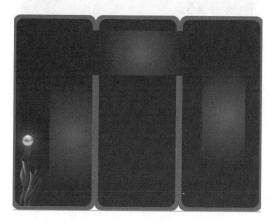
图 18-35 添加图层样式

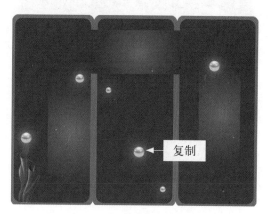
18-36 复制并调整图像

步骤 09 按 Ctrl+O 组合键，打开"珠宝饰品 .psd"素材，将素材图像分别拖曳至背景图像编辑窗口中的合适位置，效果如图 18-37 所示。

步骤 10 按 Ctrl+O 组合键，打开"星点 .psd"素材，将素材图像拖曳至背景图像编辑窗口中的合适位置，效果如图 18-38 所示。

图 18-37 拖曳珠宝饰品素材

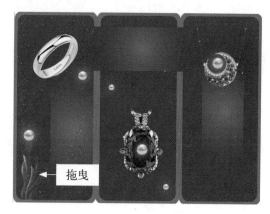
图 18-38 拖曳星点素材

步骤 11 复制"星点"图层两次，并根据需要将图像分别调至第 2 个和第 3 个圆角矩形图像上，效果如图 18-39 所示。

步骤 12 按 Ctrl+O 组合键，打开"星星 .jpg"素材，将素材图像拖曳至背景图像编辑窗口中的合适位置，效果如图 18-40 所示。

步骤 13 设置"图层 4"图层的混合模式为"滤色"，效果如图 18-41 所示。

步骤 14 复制"图层 4"图层多次，根据需要对各图像的大小、位置、角度和方向进行适当地调整，效果如图 18-42 所示。

图 18-39　复制图像

图 18-40　拖曳星星素材图像

图 18-41　设置图层的混合模式

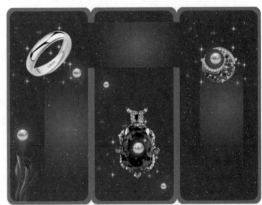

图 18-42　复制并调整图像

专家指点

　　新媒体运营者只有注重视觉设计，才能保证良好的视觉营销效果。基本的视觉图形主要可分为三大类型，即点、线、面。

- 点，属于最简单的视觉图形，当它被合理运用时就能产生良好的视觉效果。
- 线和点不同的地方在于，线构成的视觉效果是流动性的，富有动感。
- 面是点放大后的呈现形式，通常可以分为各种不同形状，如三角形、正方形和圆形等，还可以是不规则的形状。

18.2.2　制作珠宝广告文字效果

下面介绍制作珠宝画册广告文字效果的方法。

步骤 01　选取横排文字工具，展开"字符"面板，设置"颜色"为白色，再设置其他选项如图 18-43 所示。

步骤 02 在图像编辑窗口中的合适位置输入所需的文字，效果如图 18-44 所示。

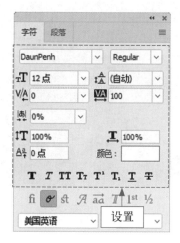

图 18-43 展开"字符"面板

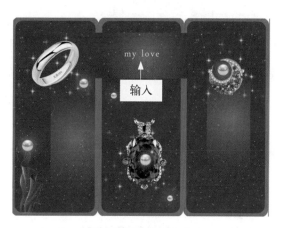

图 18-44 输入文字

步骤 03 复制"my love"两次，根据需要调整文字的位置、大小和方向，效果如图 18-45 所示。

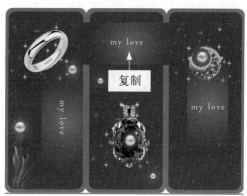

图 18-45 复制并调整文字

步骤 04 使用横排文字工具在图像编辑窗口中的合适位置单击鼠标左键并确认插入点，展开"字符"面板，设置"字体系列"为"华文隶书"、"字体大小"为 7 点、"设置所选字符的字距调整"为 100、"颜色"为粉红色 (RGB 参数值分别为 255、197、215)，如图 18-46 所示。

步骤 05 在图像编辑窗口中的合适位置输入所需的文字，效果如图 18-47 所示。

步骤 06 复制并调整文字，本实例制作完毕，效果如图 18-48 所示。

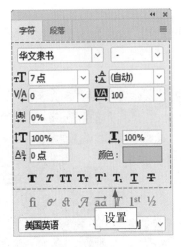

图 18-46　设置字符参数

图 18-47　输入文字

图 18-48　复制并调整文字

第19章

H5 设计：婚礼请柬与品牌推广设计

知识导读

H5 是伴随着移动互联网兴起的一种新型广告工具，具有很多移动互联网的广告优势，如娱乐化、碎片化、社会化以及互动性强等。可以说，H5 技术的成熟，不但为移动互联网开辟了一种全新的广告推广方式，同时也推动了基于移动互联网的新媒体广告的快速发展。

本章重点导航

◎ 婚礼请柬 H5 页面设计
◎ 汽车品牌推广 H5 页面设计

19.1　婚礼请柬 H5 页面设计

　　婚礼请柬是新人在举办婚礼时邀请双方各自的亲朋好友来参加婚礼时所发出的一种邀请书，是即将结婚的新人所印制的邀请函。但随着时代的进步，以及亲朋好友们可能都不在同一个城市，隔着很远的距离，纸质印制的邀请函已不如互联网方便快捷，这便是婚礼请柬 H5 页面设计具有的价值优势。

　　本实例最终效果如图 19-1 所示。

图 19-1　实例效果

扫一扫观看在线视频：

婚礼请柬 H5 界面设计

19.1.1　设计婚礼请柬主题背景效果

　　在进行婚礼请柬背景的设计时，运用适当的背景色彩及各种元素的合理搭配，既可以突出爱情的主题，又能够彰显出自身婚礼的特色，下面详细介绍设计婚礼请柬主题背景效果的方法。

　　步骤 01　选择"文件"|"新建"命令，弹出"新建文档"对话框，设置"名称"为"婚

<<<<<

礼请柬 H5 界面设计"、"宽度"为 1080 像素、"高度"为 1920 像素、"分辨率"为 300像素 / 英寸、"颜色模式"为"RGB 颜色"、"背景内容"为"白色"，如图 19-2 所示，单击"创建"按钮，新建一个空白图像。

步骤 02 设置前景色的颜色为粉红色 (RGB 参数值分别为 254、207、208)，效果如图 19-3 所示。

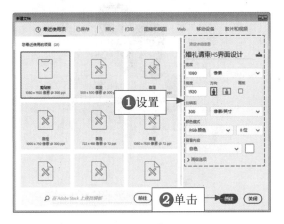

图 19-2 新建空白文档

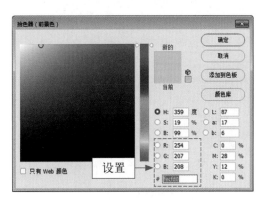

图 19-3 设置前景色

步骤 03 新建"图层 1"图层，按 Alt+Delete 组合键填充颜色，效果如图 19-4 所示。

步骤 04 按 Ctrl+O 组合键，打开"爱心背景 .psd"素材图像，运用移动工具将其拖曳至背景图像编辑窗口中，效果如图 19-5 所示。

图 19-4 填充背景图层

图 19-5 拖曳素材图像

步骤 05 在"图层"面板中，选中"图层 1"图层，设置图层"不透明度"为 50%，效果如图 19-6 所示。

步骤 06 按 Ctrl+O 组合键，打开"新人模特 .psd"素材图像，运用移动工具将素材图像拖曳至图像编辑窗口中，适当地调整图像大小及位置，效果如图 19-7 所示。

图 19-6 设置不透明度效果

图 19-7 拖曳人物素材

19.1.2 设计婚礼请柬文本矩形效果

根据婚礼请柬主题背景的粉色色彩，在设计婚礼请柬文本矩形时，运用白色色彩为矩形进行填充，能够让整个页面烘托出婚礼的幸福感，下面详细介绍设计婚礼请柬文本矩形效果的方法。

步骤 01 选取工具箱中的矩形工具，在工具属性栏中设置"选择工具模式"为"形状"、"填充"为无、"描边"为白色 (RGB 参数值均为 255)、"描边宽度"为 3 像素，在图像编辑窗口中的适当位置绘制一个矩形，效果如图 19-8 所示。

步骤 02 在矩形工具属性栏中设置"填充"为白色 (RGB 参数值均为 255)、"描边"为无，得到"矩形 2"图层，效果如图 19-9 所示。

步骤 03 在"图层"面板中，按住 Shift 键的同时，选中"矩形 1"和"矩形 2"两个图层，在工具属性栏中，分别单击"水平居中对齐"和"垂直居中对齐"按钮，将两个矩形垂直水平居中，设置两个图层的"不透明度"为 60%，效果如图 19-10 所示。

步骤 04 选取工具箱中的横排文字工具，在"字符"面板中设置"字体系列"为"方正粗宋简体"、"字体大小"为 66 点、"设置所选字符的字距调整"为 75、"颜色"为黑色 (RGB 参数值均为 0)，如图 19-11 所示。

图 19-8　绘制矩形

图 19-9　得到"矩形 2"图层

图 19-10　调整图像

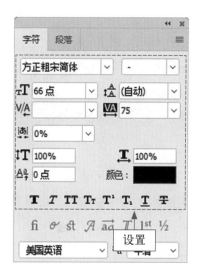

图 19-11　设置字符选项

专家指点

在 Photoshop 工作界面中，居中操作可以通过下面两种方式实现。

● 使用移动工具选中需要居中的两个图层，在工具属性栏单击"水平居中"按钮 ，

或"垂直居中"按钮 ，即可对图层对象进行水平或垂直居中操作。

● 选中两个图层，选择"图层"|"对齐"|"水平居中"命令，也可以水平居中图层对象。

步骤 05 输入相应的文字，并调整至适当位置，效果如图 19-12 所示。

步骤 06 在"图层"面板中双击文字图层，在弹出的"图层样式"对话框中，选中"描边"复选框，设置"大小"为 3 像素、"位置"为"外部"、"颜色"为白色 (RGB 参数值均为 255)，如图 19-13 所示。

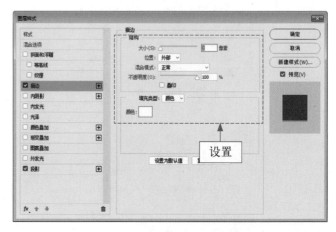

图 19-12　输入文字　　　　　　　　　　图 19-13　设置"描边"图层样式

步骤 07 选中"投影"复选框，设置"混合模式"为"正片叠底"、"阴影颜色"为黑色、"不透明度"为 59%、"角度"为 90 度、"距离"为 9 像素，如图 19-14 所示。

步骤 08 单击"确定"按钮，添加相应图层样式，效果如图 19-15 所示。

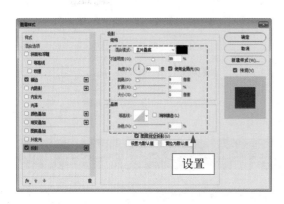

图 19-14　设置"投影"图层样式　　　　　图 19-15　添加相应图层样式

步骤 09 按 Ctrl+O 组合键，打开"文字 1.psd"素材图像，运用移动工具将其拖曳至当前图像编辑窗口中的合适位置，效果如图 19-16 所示。

步骤 10 按 Ctrl+O 组合键，打开"文字 2.psd"素材图像，运用移动工具将其拖曳至当前图像编辑窗口中的合适位置，效果如图 19-17 所示。

图 19-16 拖曳文字素材

图 19-17 最终效果

19.2 汽车品牌推广 H5 页面设计

随着时代的进步，汽车已经从生活中的奢侈品逐渐转变为必备品，同时伴随着的是汽车品牌的增多以及汽车产品的面市。为一款汽车设计出一种极具吸引力的汽车产品 H5 页面效果，能够大大地推动汽车品牌的宣传及销量，使其从众多竞争品牌中脱颖而出。

本实例最终效果如图 19-18 所示。

图 19-18 实例效果

扫一扫观看在线视频：

汽车产品 H5 页面设计

19.2.1 设计汽车产品背景页面效果

汽车产品的页面设计通常采用的是黑白色调，采用这种方式不仅可以渲染气氛，而且还能给自身的品牌带来一种神秘感。下面详细介绍设计新品发布背景形状效果的方法。

步骤 01 选择"文件"|"新建"命令，弹出"新建文档"对话框，设置"名称"为"汽车产品 H5 页面设计"、"宽度"为 1080 像素、"高度"为 1920 像素、"分辨率"为 300 像素 / 英寸、"颜色模式"为"RGB 颜色"、"背景内容"为"白色"，如图 19-19 所示，单击"创建"按钮，新建一个空白图像。

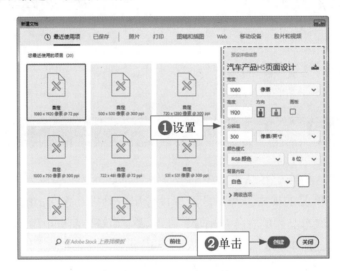

图 19-19　新建空白文档

步骤 02 选择工具箱中的渐变工具，单击"渐变"色块，即可弹出"渐变编辑器"对话框，新建预设渐变，设置渐变颜色 0% 位置为灰色（RGB 参数值均为 147）、50% 位置为浅灰色（RGB 参数值均为 251)、100% 位置为灰色（RGB 参数值分别为 135、131、131)，如图 19-20 所示。

步骤 03 展开"图层"面板，在面板下方单击"创建新图层"按钮，新建一个"图层 1"图层，并选取工具箱中的渐变工具，在图像编辑窗口中，由上至下拖动鼠标填充灰白线性渐变，效果如图 19-21 所示。

步骤 04 选取工具箱中的椭圆工具，在工具属性栏中设置"选择工具模式"为"形状"、"填充"为黑色（RGB 参数值均为 0)、"描边"为无，在图像编辑窗口中绘制一个如图 19-22 所示的椭圆，得到"椭圆 1"图层。

步骤 05 按 Ctrl+T 组合键，调出变换控制框，适当调整图像大小及位置，并按 Enter 键确认调整，效果如图 19-23 所示。

图 19-20　设置渐变预设

图 19-21　填充线性渐变

图 19-22　绘制椭圆

图 19-23　调整图像

专家指点

　　在 Photoshop 工作界面中，如果需要调整图像的大小及位置，可以选择"编辑"|"自由变换"命令对图像进行调整，运用移动工具可以对图像进行位置调整。

步骤 06 在"图层"面板中，双击"椭圆1"图层，弹出"图层样式"对话框，选中"内发光"复选框，设置"混合模式"为"正常"、"不透明度"为100%、"杂色"为0%、设置发光颜色为白色(RGB 参数值均为255)、"方法"为"精确"、"源"为"边缘"、"阻塞"为43%、"大小"为38像素、"范围"为100%、"抖动"为100%，如图19-24所示。

步骤 07 单击"确定"按钮，为"椭圆1"图层添加图层样式，效果如图19-25所示。

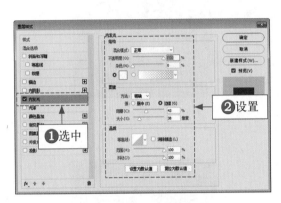

图 19-24　设置图层样式

图 19-25　添加图层样式

19.2.2　设计汽车产品框架页面效果

大多数汽车产品都会在车身的线条上下功夫，而为了凸显汽车的特色，在汽车页面效果的设计中便可以加入一些线条框架，既能够增加页面的美观度，又能够突出产品的特色。下面详细介绍设计汽车产品界面框架效果的方法。

步骤 01 按 Ctrl+O 组合键，打开"汽车.psd"素材图像，将所选择的图像运用移动工具拖曳至图像编辑窗口中，得到"汽车"图层，效果如图19-26所示。

步骤 02 按 Ctrl+T 组合键，调出变换控制框，适当调整图像的大小及位置，按 Enter 键确认变换，效果如图19-27所示。

步骤 03 选取工具箱中的矩形工具，在工具属性栏中设置"选择工具模式"为"形状"、"填充"为黑色(RGB 参数值均为0)、"描边"为黑色(RGB 参数值均为0)、"宽度"为1像素，在图像编辑窗口中绘制一个如图19-28所示的矩形，得到"矩形1"图层。

步骤 04 在图像编辑窗口中，选中"矩形1"图层所对应的图像，按住 Alt 键的同时，用鼠标左键拖曳图像，复制得到"矩形1拷贝"图层，效果如图19-29所示。

图 19-26　拖曳图像

图 19-27　调整图像

图 19-28　绘制矩形

图 19-29　拖曳复制图像

专家指点

在 Photoshop 工作界面中，Shift 键在设计或修图时的实用功能有很多种。

● 绘制直线：按住 Shift 键，拖动鼠标可以强制笔触沿水平或者垂直方向活动。

● 移动图像：按住 Shift 键，拖动图像可以让图像进行水平或者垂直方向的移动。

● 执行强制比例：在缩放图形时，按住 Shift 键，会按照图像的原比例进行缩放。

步骤 05 按 Ctrl+T 组合键，调出变换控制框，在工具属性栏中设置"旋转"为 –90 度，适当调整图像的大小及位置，效果如图 19-30 所示。

步骤 06 在图像编辑窗口中，选中"矩形 1 拷贝"图层所对应的图像，按住 Shift+Alt 组合键，同时用鼠标左键垂直拖曳图像至合适的位置，得到"矩形 1 拷贝 2"图层，效果如图 19-31 所示。

图 19-30　调整图像

图 19-31　拖曳复制图像

步骤 07 选中"矩形 1"图层所对应的图像，按住 Shift+Alt 组合键，同时用鼠标左键水平拖曳图像至合适的位置，得到"矩形 1 拷贝 3"图层，效果如图 19-32 所示。

步骤 08 按 Ctrl+T 组合键，调出变换控制框，适当调整图像的大小，效果如图 19-33 所示。

图 19-32　拖曳复制图像

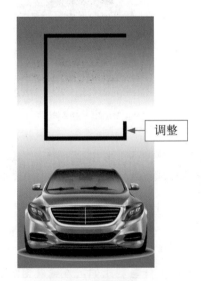

图 19-33　调整图像

步骤 09 选中"矩形 1 拷贝 3"图层所对应的图像，按住 Shift+Alt 组合键，同时用鼠标左键垂直拖曳图像至合适的位置，得到"矩形 1 拷贝 4"图层，效果如图 19-34 所示。

步骤 10 按 Ctrl+T 组合键，调出变换控制框，适当调整图像的大小，效果如图 19-35 所示。

图 19-34 拖曳复制图像

图 19-35 调整图像

19.2.3 设计汽车产品文字修饰效果

设计汽车产品的推广页面时，一定要注意保持页面简洁，不必透露过多的信息，要为产品保持神秘感，让人有疑惑感，勾起人们的兴趣。下面详细介绍设计汽车产品界面框架效果的方法。

步骤 01 选取工具箱中的横排文字工具，选择"窗口"|"字符"命令，在弹出的"字符"面板中，设置"字体系列"为"创艺繁隶书"、"字体大小"为 64 点、"颜色"为黑色 (RGB参数值均为 0)，参数如图 19-36 所示。

步骤 02 输入相应文字，并调整至合适的位置，效果如图 19-37 所示。

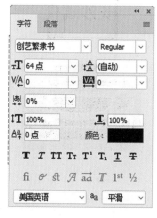

图 19-36 设置字体系列

图 19-37 输入相应文字

步骤 03 选取工具箱中的横排文字工具，选择"窗口"|"字符"命令，在弹出的"字符"面板中，设置"字体系列"为"黑体"、"字体大小"为 18 点、"颜色"为黑色 (RGB 参数值均为 0)，参数如图 19-38 所示。

步骤 04 输入相应文字，并调整至合适的位置，效果如图 19-39 所示。

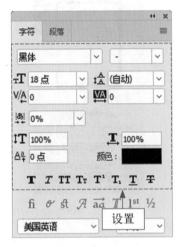

图 19-38　设置字符选项

图 19-39　输入文字

步骤 05 选取工具箱中的横排文字工具，选择"窗口"|"字符"命令，在弹出的"字符"面板中，设置"字体系列"为"黑体"、"字体大小"为 38 点、"颜色"为黑色 (RGB 参数值均为 0)，激活仿粗体图标，如图 19-40 所示。

步骤 06 输入相应文字，并调整至合适的位置，效果如图 19-41 所示。

图 19-40　设置字符选项

图 19-41　输入文字

步骤 07 展开"图层"面板，在汽车图层上方新建一个"图层 2"图层，如图 19-42 所示。

步骤 08 选中"图层 2"图层，设置前景色为白色 (RGB 参数值均为 255)，选取工具箱中的画笔工具，在工具属性栏中设置"大小"为 200 像素、"模式"为"正常"、"不透明度"为 100%、"流量"为 100%、"平滑"为 10%，在如图 19-43 所示的两个位置涂抹两个白斑。

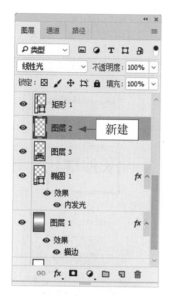

图 19-42　新建图层

图 19-43　涂抹画笔

步骤 09 在"图层"面板中，设置"图层 2"图层的"混合模式"为"线性光"，如图 19-44 所示。

步骤 10 选择"滤镜"|"模糊"|"径向模糊"命令，弹出"径向模糊"对话框，设置"数量"为 100、"模糊方法"为"缩放"、"品质"为"好"，如图 19-45 所示。

图 19-44　设置混合模式

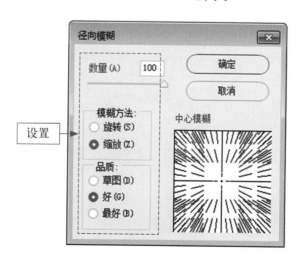

图 19-45　设置参数

步骤 11 单击"确定"按钮，为"图层 2"图层添加滤镜，效果如图 19-46 所示。

步骤 12 按 Ctrl+T 组合键，调出变换控制框，适当调整图像的大小及位置，效果如图 19-47 所示。

步骤 13 在"图层"面板中，选中"汽车"图层，选择"图像"|"调整"|"曲线"命令，弹出"曲线"对话框，在曲线上单击鼠标左键新建一个控制点，在下方设置"输入"为 206、"输出"为 162，如图 19-48 所示。

图 19-46　添加滤镜效果

图 19-47　调整图像效果

步骤 14 单击"确定"按钮，即可调整"汽车"图像的色阶，效果如图 19-49 所示。至此，完成汽车产品 H5 页面设计。

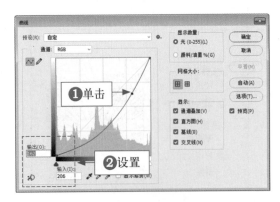

图 19-48　设置曲线

图 19-49　调整图像色阶

第 **20** 章

APP 设计：
活动海报和游戏宣传设计

知识导读

现如今，伴随着微信的火热发展，微信公众号、小程序也相应诞生。越来越多的商家、企业、个人都申请开通了微信账号，用于营销或者其他用途。本章主要介绍微信朋友圈、公众号、小程序的设计案例方法。

本章重点导航

◎ 修图 APP 活动海报设计

◎ 游戏 APP 启动宣传页设计

20.1 修图 APP 活动海报设计

如今，随着手机拍照和修图功能越来越强大，大家拍完照片都会修一修，再分享到朋友圈中，因此修图 APP 成为爱拍照人士的必装应用小程序。本节主要介绍一个修图 APP 的首页 VIP 会员推广广告，这则广告整体采用暗色调的界面设计，彰显出高贵、华丽的视觉效果。

本实例最终效果如图 20-1 所示。

图 20-1　实例效果

扫一扫观看在线视频：

修图 APP 活动海报设计

20.1.1　制作 VIP 推广背景效果

下面介绍制作 VIP 推广背景效果的方法。

步骤 01 按 Ctrl+O 组合键，打开一幅素材图像，如图 20-2 所示。

步骤 02 选取工具箱中的裁剪工具，设置长宽比为 720：480，适当调整裁剪范围，如图 20-3 所示。

步骤 03 按 Enter 键确认裁剪，效果如图 20-4 所示。

步骤 04 选择"滤镜"|"Camera Raw 滤镜"命令，弹出 Camera Raw 对话框，如图 20-5 所示。

步骤 05 切换至"镜头校正"选项卡，在"晕影"选项区中设置"数量"为 –100，添加晕影效果，如图 20-6 所示。

步骤 06 切换至"效果"选项卡，在"裁剪后晕影"选项区中设置"数量"为 -100，强化暗角效果，如图 20-7 所示。

图 20-2 打开素材图像

图 20-3 调整裁剪范围

图 20-4 确认裁剪

图 20-5 弹出 Camera Raw 对话框

图 20-6 添加晕影效果

图 20-7 强化暗角效果

步骤 07 切换至"基本"选项卡，设置"自然饱和度"为 28，增加画面的色彩浓度，效果如图 20-8 所示。

步骤 08 单击"确定"按钮，应用 Camera Raw 滤镜调整，效果如图 20-9 所示。

图 20-8　增加画面饱和度

图 20-9　应用 Camera Raw 滤镜效果

20.1.2　制作 VIP 推广主体效果

下面介绍制作 VIP 推广主体效果的方法。

步骤 01　选取工具箱中的矩形工具，在工具属性栏中设置"填充"为蓝色 (RGB 参数值分别为 0、160、233)、"描边"为无，绘制一个矩形图形，效果如图 20-10 所示。

步骤 02　在"图层"面板中，设置"矩形 1"图层的"不透明度"为 80%，如图 20-11 所示。

图 20-10　绘制矩形图形

图 20-11　设置不透明度

步骤 03　执行操作后，即可改变矩形图形的不透明度效果，如图 20-12 所示。

步骤 04　在"图层"面板中，复制"矩形 1"图层，得到"矩形 1 拷贝"图层，如图 20-13 所示。

💬 专家指点

如果要同时处理多个图层中的内容 (如移动、应用变化或创建剪贴蒙版)，可以将这些图层链接在一起。选择两个或多个图层，然后选择"图层"|"链接图层"命令或单击"图层"面板底部的"链接图层"按钮 🔗，都可以将选择的图层链接起来。如果要取消链接，可以选择其中一个链接图层，然后单击"链接图层"按钮 🔗，即可取消链接。

图 20-12　图像的不透明效果

图 20-13　复制图层

步骤 05 按 Ctrl+T 组合键，调出变换控制框，适当调整矩形图像的大小和位置，效果如图 20-14 所示。

步骤 06 选取工具箱中的矩形工具，在工具属性栏中设置"填充"为无、"描边"为白色 (RGB 参数值均为 255)、"描边宽度"为 1 像素，效果如图 20-15 所示。

图 20-14　调整矩形图像

图 20-15　调整图像效果

步骤 07 按 Ctrl+O 组合键，打开"彩带 .psd"素材图像，运用移动工具将其拖曳至当前图像编辑窗口中的合适位置，效果如图 20-16 所示。

步骤 08 选取工具箱中的横排文字工具，在"字符"面板中设置"字体系列"为"Modern No.20"、"字体大小"为 111 点、"颜色"为黄色 (RGB 参数值分别为 241、182、79)，激活仿粗体图标，如图 20-17 所示。

步骤 09 输入相应的文本，调整至适当位置，效果如图 20-18 所示。

步骤 10 在"图层"面板中双击文字图层，在弹出的"图层样式"对话框中，选中"斜面和浮雕"复选框，设置"大小"为 10 像素、"角度"为 90 度、"高度"为 30 度，如图 20-19 所示。

图 20-16 拖曳彩带素材

图 20-17 设置字符属性

图 20-18 输入文字

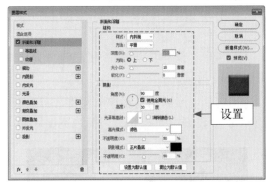

图 20-19 设置"斜面和浮雕"参数

步骤 11 选中"投影"复选框,相关参数设置如图 20-20 所示。

步骤 12 单击"确定"按钮,添加相应的图层样式,效果如图 20-21 所示。

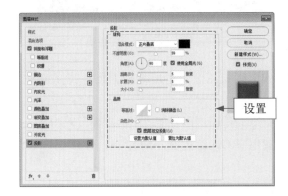

图 20-20 设置"投影"参数

图 20-21 添加图层样式

步骤 13 选取工具箱中的横排文字工具,在"字符"面板中设置"字体系列"为"经典粗宋简"、"字体大小"为 31 点、"颜色"为白色 (RGB 参数值均为 255),如图 20-22 所示。

<<<<<

步骤 14 输入相应的文字，调整至适当位置，效果如图 20-23 所示。

图 20-22　设置字符属性　　　　　　　　图 20-23　输入文字

步骤 15 按 Ctrl+O 组合键，打开"底纹 .psd"素材图像，运用移动工具将其拖曳至当前图像编辑窗口中的合适位置，效果如图 20-24 所示。

步骤 16 选取工具箱中的横排文字工具，在"字符"面板中设置"字体系列"为"华文细黑"、"字体大小"为 25 点、"颜色"为黑色 (RGB 参数值均为 0)，激活仿粗体图标，输入相应的文字，效果如图 20-25 所示。

图 20-24　拖曳底纹素材　　　　　　　　图 20-25　输入文字

20.2　游戏 APP 启动宣传页设计

如今，手机游戏呈现全面繁荣的发展趋势，而且玩家对于游戏画面的审美观和交互形式等要求也越来越高，界面是否美观，操作是否顺手，这些都是决定玩家对游戏产生兴趣的关键因素。对于游戏 UI 来说，界面画风、操作流程以及交互体验等设计要素，都是设计者需要重点考虑的范畴。

本实例介绍的是一个游戏 APP 的启动界面微网页，通过微网页进行宣传，可以将其很好地与微信等社交媒体相结合，扩大游戏 APP 的宣传面，让更多玩家了解和试玩。

本实例最终效果如图 20-26 所示。

图 20-26　实例效果

扫一扫观看在线视频：

游戏启动 APP 宣传页设计

20.2.1　制作游戏宣传背景效果

下面介绍制作游戏 APP 启动宣传页背景效果的方法。

步骤 01 选择"文件"|"新建"命令，弹出"新建文档"对话框，新建一幅 RGB 模式图像，相关设置如图 20-27 所示。

步骤 02 按 Ctrl+O 组合键，打开"游戏画面 .jpg"素材图像，如图 20-28 所示。

步骤 03 选择"图像"|"调整"|"亮度 / 对比度"命令，弹出"亮度 / 对比度"对话框，设置"亮度"为 10、"对比度"为 22，如图 20-29 所示。

步骤 04 单击"确定"按钮，调整图像的亮度和对比度，效果如图 20-30 所示。

步骤 05 选择"图像"|"调整"|"自然饱和度"命令，弹出"自然饱和度"对话框，设置"自然饱和度"为 50、"饱和度"为 8，如图 20-31 所示。

步骤 06 单击"确定"按钮，调整画面的色彩饱和度，效果如图 20-32 所示。

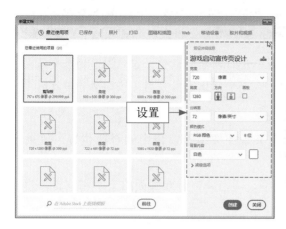

图 20-27　新建空白文档

图 20-28　打开游戏画面素材

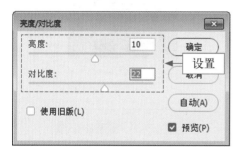

图 20-29　设置"亮度/对比度"参数

图 20-30　调整亮度和对比度效果

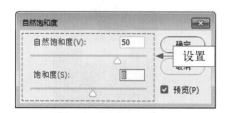

图 20-31　设置"自然饱和度"参数

图 20-32　调整饱和度效果

　　使用"亮度／对比度"命令可以对图像的色彩进行简单的调整，它对图像的每个像素都可以进行同样的调整。"亮度／对比度"命令对单个通道不起作用，所以该调整方法不适用于高精度输出。

步骤 07 运用移动工具将游戏画面拖曳至背景图像编辑窗口中的合适位置，效果如图 20-33 所示。

步骤 08 按 Ctrl+T 组合键，调出变换控制框，适当调整游戏画面的大小和位置，效果如图 20-34 所示。

拖曳

调整

图 20-33　拖曳图像

图 20-34　调整图像

步骤 09 选取工具箱中的渐变工具，调出"渐变编辑器"对话框，设置渐变色为红色(RGB 参数值分别为 186、0、4) 到透明色，如图 20-35 所示。

步骤 10 新建"图层 2"图层，运用渐变工具从下至上填充线性渐变，效果如图 20-36 所示。

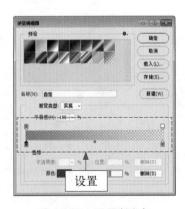

设置

填充

图 20-35　设置渐变色

图 20-36　填充线性渐变

20.2.2　制作游戏宣传主体效果

下面介绍制作游戏 APP 启动宣传界面微网页主体效果的方法。

步骤 01　选取工具箱中的横排文字工具，在"字符"面板中设置"字体系列"为"长城行楷体"、"字体大小"为 200 点、"设置所选字符的字距调整"为 –200、"颜色"为浅蓝色 (RGB 参数值分别为 225、255、255)，激活仿粗体图标，如图 20-37 所示。

步骤 02　输入相应的文字，适当调整其位置，效果如图 20-38 所示。

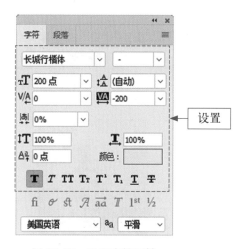

图 20-37　设置字符属性

图 20-38　输入文字

💬 专家指点

　　在 Photoshop 中，在英文输入法状态下，按 T 键，也可以快速切换至横排文字工具，然后在图像编辑窗口中输入相应文本内容即可，如果输入的文字位置不能满足用户的需求，此时用户可以通过移动工具，将文字移动到相应位置即可。

步骤 03　在"图层"面板中双击文字图层，在弹出的"图层样式"对话框中，选中"渐变叠加"复选框，单击"点按可编辑渐变"按钮，弹出"渐变编辑器"对话框，设置渐变色为红色 (RGB 参数值分别为 186、0、4) 到白色，将白色色标调整至 80% 的位置，如图 20-39 所示。

步骤 04　单击"确定"按钮，返回"图层样式"对话框，相关参数设置如图 20-40 所示。

步骤 05　选中"投影"复选框，相关参数设置如图 20-41 所示。

步骤 06　单击"确定"按钮，添加相应的图层样式效果，如图 20-42 所示。

步骤 07　复制文字图层，适当调整其位置，制作立体文字效果，如图 20-43 所示。

步骤 08　新建"图层 3"图层，运用矩形选框工具创建一个矩形选区，如图 20-44 所示。

图 20-39　设置渐变色

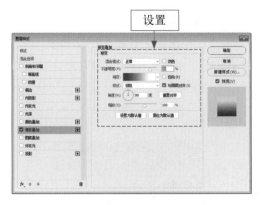

图 20-40　设置"渐变叠加"参数

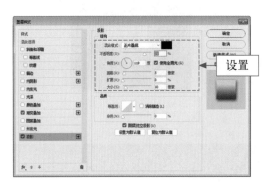

图 20-41　设置"投影"参数

图 20-42　添加图层样式效果

图 20-43　制作立体文字效果

图 20-44　创建矩形选区

<<<<<

专家指点

在创建选区后，为了防止因错误操作而造成选区丢失，或者后面制作其他效果图时还需要更改选区，用户可以先将该选区保存。选择菜单栏中的"选择"|"存储选区"命令，弹出"存储选区"对话框，在弹出的对话框中设置存储选区的各选项，单击"确定"按钮后即可存储选区。

步骤 09 选取工具箱中的渐变工具，在选区中间至四周填充红色 (RGB 参数值分别为 186、0、4) 到透明色的径向渐变，并取消选区，效果如图 20-45 所示。

步骤 10 选取工具箱中的横排文字工具，在"字符"面板中设置"字体系列"为"微软雅黑"、"字体大小"为 30 点、"颜色"为浅蓝色 (RGB 参数值分别为 208、230、250)，激活仿粗体图标，输入相应文字，效果如图 20-46 所示。

步骤 11 按 Ctrl+O 组合键，打开"文字 .psd"素材图像，运用移动工具将其拖曳至当前图像编辑窗口中的合适位置，效果如图 20-47 所示。

步骤 12 按 Ctrl+O 组合键，打开"按钮 .psd"素材图像，运用移动工具将其拖曳至当前图像编辑窗口中的合适位置，效果如图 20-48 所示。

图 20-45　填充径向渐变　图 20-46　输入相应文字　图 20-47　拖曳文字素材　图 20-48　拖曳按钮素材